Asiatische Gourmetküche

FRANK HEPPNER

Asiatische Gourmetküche

Köstlich leichte Gerichte mit fernöstlichen Aromen

Fotos von Felix Holzer

südwest

Inhalt

Gutes Arbeitsgerät: ein Plus für die Küche.

Ausstattung: Auf Qualität achten

Keine Sorge – eine Profiküche erkennt man nicht an zahlreichen elektrischen Geräten, vielmehr braucht sie wenig, aber gut gewähltes Arbeitszeug, damit die Vorarbeiten flott und leicht von der Hand gehen.

Die Kunst der feinen Schnitte

Bevor ausgewählte Zutaten in Topf oder Pfanne wandern, müssen sie meist zerkleinert werden. Vor allem die asiatisch angehauchte Küche lebt von feinen Schnitten, denn je kleiner Zutaten zerteilt sind, desto schneller können sie garen. Das wiederum kommt Ihrer Gesundheit zugute, weil wertvolle Inhaltsstoffe so optimal erhalten bleiben. Die Asiaten sind Meister in dieser Disziplin, deshalb haben sie dafür auch das richtige Gerät: Japanische Messer zählen zu den schärfsten überhaupt. Weil Qualität vor Quantität geht, beschränkt sich die Wunschausstattung an Messern auf Filetier-, Sushi-, Sashimi- und Fleischmesser sowie ein kleines Officemesser. Alle sollten aus rostfreiem Edelstahl und ihre Klingen stets geschärft sein, dann macht das Schnippeln keine Mühe.

Die richtige Unterlage

Ein scharfes Messer allein macht das Glück noch nicht perfekt. Auch die Unterlage muss passen. Am besten eignen sich Bretter in verschiedenen Größen und Stärken. Ich persönlich ziehe Holz Kunststoff oder Marmor vor, weil die Zutaten auf Holz nicht so leicht wegrutschen. Außerdem haben jüngste Untersuchungen gezeigt, dass Holzbretter hygienischer sind als solche aus Kunststoff. Damit die Ananas nicht nach Zwiebel schmeckt, sollten Sie für empfindliche Zutaten jeweils frische Brettchen nehmen. Gebrauchte Bretter nach dem Abbürsten mit Zitronensaft abreiben, dann mit Salz bestreuen und zum Trocknen liegen lassen. Zitronensaft und Salz wirken antibakteriell, das Salz zieht zusätzlich überschüssige Feuchtigkeit aus dem Holz.

Topf und Pfanne

Was für Messer gilt, zählt auch bei Pfannen und Töpfen: Qualität geht vor Quantität! Besonders benutzerfreundlich sind beschichtete Küchengeschirre aus Gusseisen oder Aluguss. Reinigen Sie vor allem Pfannen generell nur mit heißem Wasser, ohne Spülmittel, dann behalten sie ihre Gleitfähigkeit, die vor allem fürs Schwenken wichtig ist. Für asiatische Gerichte ist die Anschaffung eines Woks eigentlich unerlässlich. Er ist ein echtes Allroundgenie: In ihm kann man kurz braten und frittieren, aber auch schmoren oder dämpfen. Besonders schonend garen Sie Gemüse, Fisch oder Fleisch in asiatischen Dämpfkörbchen aus Bambus, den so genannten Dim-Sum-Körbchen, die auf einen speziellen Dämpfeinsatz in den Wok gestellt werden können.

Kleine Küchenhelfer

Eine Vierkantreibe tut gute Dienste, wenn Zutaten gehobelt oder geraspelt werden müssen. Hilfreich sind außerdem Sparschäler, Parisienneausstecher, Grätenzange (alternativ eine Pinzette), Winkelpalette und Plattiereisen. Ein Mörser sollte in keiner Küche fehlen: In ihm lassen sich Gewürze zerkleinern oder kleine Mengen von Pasten mischen. Zum Pürieren und Aufschäumen von Suppen oder Saucen ist ein Stabmixer ideal.

Der goldene Schnitt

Der hohe Anspruch an eine gesunde, zeitgemäße Küche fordert ihren Tribut: Was beim Kochen an Zeit gespart wird, muss in die Vorbereitung investiert werden. Denn je perfekter der Schnitt, desto schneller und schonender können die Zutaten anschließend gegart werden.

Um die Garzeit zu verkürzen wird Gemüse in grobe oder feine **Brunoise** geschnitten. Dafür das Gemüse erst in Streifen, diese dann in Würfel schneiden. Grobe Brunoise haben 1 bis 2 Zentimeter Kantenlänge, kleine Brunoise 1/2 Zentimeter und weniger.

Juliennes sind hauchdünne Gemüsestreifen von der Länge eines Streichholzes.

Früchte – in diesem Buch sind es meist Exoten – können wie Gemüse in Würfel, Streifen oder Scheiben geschnitten werden.
Für **Ananasscheiben** die Frucht schälen, in Scheiben schneiden und den harten Strunk mit einem Kernhausausstecher entfernen. **Mangos** mit einem Sparschäler schälen, dann das Fruchtfleisch am Stein entlang möglichst in einem Stück abschneiden. **Zitrusfrüchte** zum Filetieren schälen, dabei auch die weiße Innenhaut entfernen. Jetzt die Filets mit einem kleinen Messer aus den Häuten lösen, dabei den Saft auffangen und beiseite stellen.

Große **Fleischteile** werden zunächst von Fett, Haut und Sehnen befreit und dann in Form gebracht (pariert), bevor sie zerteilt werden. In der feinen Küche spielen mächtige Braten keine Rolle – hier kommt Fleisch nur in kleinen, feinen Stücken vor. Der Vorteil liegt auf der Hand: Das Fleisch ist im Handumdrehen gar und auf dem Tisch. Selbst **Hackfleisch** lässt sich mit einem scharfen Messer mühelos selbst herstellen – ein unschätzbarer Vorteil bei Geflügelfleisch, das Ihnen kein Metzger durch den Fleischwolf lassen darf. Dafür das Fleisch in hauchdünne Scheiben schneiden, diese in Streifen und die Streifen in Würfel schneiden. Die Würfel zusammenschieben und so lange hacken, bis sie die gewünschte Größe haben. Besonders einfach geht das Ganze, wenn Sie das Fleisch im Tiefkühlfach vorher kurz anfrieren.

Geflügelfleisch wird in vielen meiner Rezepte ausgebeint verwendet, weil es dann schneller gart. Praktisch überall erhältlich sind Brustfilets von Hähnchen, Pute und Ente. Brauchen Sie aber ein ausgebeintes Stubenküken oder ein Perlhuhn, sieht die Sache schon anders aus. In diesem Fall sollten Sie sich an ein Spezialgeschäft wenden, das Ihnen diesen Service bietet, falls Sie sich nicht selbst an die mühevolle Arbeit machen wollen.

Krustentiere müssen aus der Schale gelöst werden, sofern man sie nicht bereits ausgelöst kaufen kann. Bei weichem Panzer ist das reine Handarbeit, bei harten Panzern brauchen Sie eine spezielle Zange. **Austern** rücken Sie mit einem speziellen Austernmesser zu Leibe, andere **Muscheln** werden gegart, dabei öffnen sich die Schalen und geben das zarte Muschelfleisch frei, das Sie nun ganz leicht herauslösen können.

Gesunde, leichte Küche bedeutet schonende, kurze Garzeiten. **Dämpfen, Dünsten** und **Pochieren** gehören deshalb neben dem Schwenken zu meinen favorisierten Gartechniken. Beim Garen über heißem Dampf bleiben auch wasserlösliche Vitamine und Mineralstoffe weitgehend erhalten. Gedünstet wird in wenig Flüssigkeit bei schwacher Hitze und geschlossenem Deckel. Pochiert wird bei schwacher Hitze in heißer Flüssigkeit. Fürs Schwenken braucht man eine Pfanne mit leicht nach innen gebogenem Rand: Das Gargut wird darin ständig bewegt und so schonend gegart.

Gold der Küche: Safran zählt zu den teuersten Gewürzen der Welt.

Chilikraut wird in der asiatischen Küche häufig verwendet.

Gewürze und Aromen

Was Gewürze und Aromen anbelangt, ist meine Küche eindeutig asiatisch geprägt. Ich liebe den Duft von Ingwer, Chili und Zitronengras und schätze deren positiven Effekt auf unseren Organismus.

Achten Sie bei **Ingwer** darauf, dass die Haut der Wurzeln glatt ist und das Fleisch sich fest und knackig anfühlt. In diesem Zustand hält sich Ingwer über eine Woche im Gemüsefach des Kühlschranks. **Galgant** ist im Aroma mit Ingwer vergleichbar, im Geschmack noch ein wenig schärfer und leicht bitter. Mit seinem feinen Zitrusgeschmack und seiner fruchtigen Schärfe verleiht **Zitronengras** vielen Gerichten ein asiatisches Aroma, das sich gut mit **Knoblauch und Chilischoten** verträgt. Sie alle haben eine anregende und verdauungsfördernde Wirkung, Knoblauch hält zusätzlich das Blut flüssig.

Meine bevorzugten **Kräuter** sind Koriander, Thaibasilikum, frische Minze, glatte Petersilie, Schnittlauch und Basilikum. Kaffir-Zitronenblätter geben ein herrliches Zitrusaroma und lassen sich bei Bedarf einfrieren. Achten Sie bei Bund-Kräutern darauf, dass sie absolut frisch sind und verbrauchen Sie sie rasch. Koriander kaufen Sie am besten mit Wurzel, dann hält er sich länger frisch. Kräuter vor Gebrauch waschen und trockenschütteln, dann mit einem sehr scharfen Messer ohne die groben Stiele zerkleinern.

An **Gewürzen** verwende ich vor allem Fünf-Gewürz-Pulver (eine Mischung aus Pfeffer, Gewürznelken, Zimt, Fenchel, Sternanis und getrockneten Mandarinenschalen): Es gibt allen Gerichten einen würzigen Duft und sollte nur in kleinen Mengen verwendet werden. Auch gemahlene Gewürznelken, Zimt, Kurkuma, Kardamom, Szechuan-Pfeffer, Koriander, Wasabi- sowie Ginsengpulver, Anis und Fenchelsamen gehören zu den typisch asiatischen Gewürzen.

Kokosmilch (aus der Dose) gibt allen Currys, aber auch Fleisch- und Fischgerichten einen besonderen Geschmack. Erdnussbutter, geröstetes Sesamöl, geröstete Sesamsamen, Kürbiskerne, Macademianüsse, Mandeln oder Cashewkerne setzen nussige Akzente. Als wertvolle Vitamin-B-Lieferanten unterstützen sie außerdem unsere Nerven.

Auch würzige **Saucen und Pasten** sind aus der asiatischen Küche nicht wegzudenken: Tandoori- und Tamarindenpaste, Soja- und Chilisauce, Miso, Fisch- und Austernsauce verfeinern die Speisen und geben ihnen ihren unverwechselbaren Geschmack. Wer's scharf liebt, greift zu Sambal oelek, für Currys zu den verschiedenen Currypasten, die mit Kokosmilch eine wahrhaft delikate Verbindung eingehen. Reiswein (Sake) und Pflaumenwein, Hoisinsauce und Chilisauce setzen ganz nach Wunsch süße, salzige, würzige oder scharfe Akzente.

Kombucha, das japanische vergorene Teegetränk, verwende ich besonders gern zum Marinieren oder für Saucen. Sie erhalten trinkfertigen Kombucha zwischenzeitlich in jedem gut sortierten Supermarkt, von besonderer Qualität im Reformhaus oder Naturkostladen.

Einkauf

Frische ist Trumpf – das ist das oberste Prinzip für Ihren Einkauf. Wählen Sie also Ihre Zutaten mit Bedacht, achten Sie auf Frischemerkmale und stecken Sie ruhig Ihre Nase in alles, was Ihnen so unterkommt, denn sie ist Ihr größter Verbündeter bei der Suche nach Top-Qualität. Egal ob Obst oder Gemüse, Fisch oder Fleisch, der optische Eindruck kann manchmal trügen, aber unser »Riecher« lässt uns nur selten im Stich: Er entlarvt die fade Ananas im Nu, signalisiert Rot, wenn Kräuter nach gar nichts duften und verweigert, wenn Fisch sich unangenehm in der Nase meldet. Also: Augen und Nase auf beim nächsten Einkauf!

Wenn auch bei Händlern verpönt: Grapschen ist beim Einkauf erlaubt. Fühlen sich Knoblauch und Ingwer schön prall an? Sind die Gemüse knackig und fest? Trauen Sie sich: Outen Sie sich als besonders fingerfertig, nur so kommen Sie frischen Produkten auf die Spur.

Wer in einer Großstadt wohnt, bekommt auf den großen **Wochenmärkten** oder in speziellen **Asienläden** immer frische asiatische Lebensmittel, aber auch alle Gewürze, Saucen, Dips und Pasten. Wer diesen Vorteil nicht hat, kann sein Glück beim Versandhandel versuchen – wenigstens was konservierte Zutaten oder Trocken-

produkte betrifft. Adressen finden Sie im Internet oder Branchenbuch.

Gewürze erhalten Sie außerdem in guter Qualität im **Reformhaus** oder **Naturkostladen**. Kaufen Sie Gewürze wenn möglich im Ganzen und zerkleinern Sie die jeweils benötigten Mengen im Mörser – das garantiert vollen Geschmack. Bereits gemahlene Gewürze verlieren sehr schnell an Aroma, vor allem, wenn sie nicht fachgerecht aufbewahrt werden. Deshalb: Gewürze in lichtgeschützte Gläser mit gut schließendem Deckel füllen, kühl und dunkel lagern und rasch verbrauchen.

Frischen Fisch, Muscheln oder Krustentiere kaufen Sie beim **Fischhändler**. Diese leicht verderblichen Zutaten sollten Sie immer möglichst frisch verarbeiten und bis dahin im Kühlschrank lassen. Im Sommer empfiehlt sich für den Einkauf eine Kühltasche. Fische, Krustentiere und Muscheln nach dem Einkauf aus der Verpackung nehmen, in eine Glas- oder Porzellanschüssel mit Deckel legen und bis zur weiteren Verarbeitung kalt stellen.

Fleisch beziehen Sie von einem guten **Metzger**. Wenn Sie einen an der Hand haben, der Bio-Ware hat, umso besser! Lassen Sie sich

Fleisch so gut wie möglich vorbereiten, Fett, Haut und Sehnen gründlich entfernen.

Geflügel kaufen Sie im speziellen Fachgeschäft oder beim **Geflügelbauern**. Dort ist man Ihnen sicher auch behilflich, wenn Sie ausgebeintes Fleisch brauchen.

Gemüse und Früchte kaufen Sie beim **Obst- und Gemüsehändler** oder auf dem Markt.

Frische Waren sind für längere **Vorratshaltung** nicht geeignet. Deshalb sollten Sie Frisches immer nur nach Bedarf kaufen. Konserviertes in Gläsern oder Dosen, Trockenprodukte u. Ä. verderben nicht und sind deshalb für den Vorrat ideal. Trockenprodukte in Schachteln füllen Sie am besten in dunkle, lichtgeschützte Gläser ab und lagern sie dunkel und kühl.

Einiges eignet sich für **Tiefkühltruhe** oder -fach. Kräuter können Sie beispielsweise fein hacken und portionsweise einfrieren. Aber auch Zitronengras, abgeriebene Zitrusschalen, klein gehackte Chilischoten oder Kaffir-Zitronenblätter können problemlos eingefroren und nach Bedarf entnommen werden. Die zerkleinerten Zutaten dafür auf einem Tablett anfrieren, dann in Gefrierdosen füllen.

Tee: Alltags- oder Kultgetränk?

Es muss nicht immer ein Glas Wein oder Bier zum Essen sein. Gerade zu asiatischen Speisen schmecken Tee, Reiswein oder ein Gläschen erfrischender Kombucha besonders gut. Vor allem dann, wenn die Speisen scharf gewürzt sind. Die süßen Noten von Tee, Reiswein und Kombucha bilden einen angenehmen Kontrapunkt zur Schärfe des Essens. Kombucha und Reiswein können Sie im Handel trinkfertig kaufen, Tee müssen Sie sich dagegen selbst aufbrühen – und das ist Wissenschaft und Philosophie zugleich.

Bei der Zubereitung einer Kanne Tee können Sie den Alltag hinter sich lassen – tauchen Sie ein in die meditative, rituelle Handlung und erfahren Sie ein völlig neues Lebensgefühl.

Das Ritual des Teetrinkens, das die Briten zur nationalen Einrichtung erhoben haben, verdanken wir China, dem Land aus dem einige der berühmtesten Teesorten der Welt stammen. Wie die Legende erzählt, soll dort schon 2700 v. Chr. der Kaiser Sheng-Nung Tee getrunken haben. Allerdings verdankt man die Entdeckung dieses herrlichen Getränks einem Zufall: Dem Kaiser waren bei einem Aufenthalt im Freien einige Teeblätter in sein heißes Wasser gefallen. Seine Hoheit war von dem betörenden Duft, dem Geschmack und der belebenden Wirkung des Getränks so angetan, dass er es von da an immer genießen wollte: Der Tee war entdeckt.

In Japan dagegen kennt man Tee erst seit rund 1500 Jahren. Zusammen mit dem Buddhismus kam er ins Land und brachte mit dem Getränk auch eine völlig neue Weltanschauung.

Zentraler Punkt der Teekunst ist die asiatische Philosophie, wonach man sich die geistig-seelischen Kräfte des Tees zunutze machen kann. So entwickelte sich der Tee vom Heilmittel und Alltagsgetränk zu einem Kultgetränk mit geistesfördernder Kraft. In der Teezeremonie kann man den Belastungen des Alltags für einen Augenblick entfliehen und findet zur Harmonie mit sich selbst. Indem man sich auf die Teezubereitung und den anschließenden Genuss konzentriert, erfährt man die Schönheit des Augenblicks. Dieses bewusste Erleben bringt Entspannung – auch bei äußerer Anspannung.

Die belebende Wirkung von Tee beruht auf seinem Gehalt an Tein, das chemisch mit Koffein identisch ist. Dennoch hat Tee eine andere Wirkung auf den Organismus als Kaffee. Koffein wirkt direkt über das Herz auf den Kreislauf. Tein dagegen entfaltet seine anregende Wirkung über das Gehirn und das Zentralnervensystem: Der Kreislauf kommt in Schwung, der Geist wird beflügelt, man fühlt sich an-, aber nicht aufgeregt.

Grüner Tee und schwarzer Tee werden aus den Blättern des Teestrauches gewonnen. Die kleinen aromatischen Blätter der Chinapflanze (Thea sinensis) ergeben die besten Sorten.

Grüner Tee ist gewissermaßen näher am Zustand des grünen Blattes als schwarzer Tee, denn er ist nicht fermentiert. Beim grünen Tee wird der Fermentationsprozess unterbunden, der von Enzymen in den frisch gepflückten Blättern ausgelöst wird. Es gibt verschiedene Methoden, diesen Prozess zu unterbinden, sie basieren aber alle auf demselben Prinzip: Die Enzyme in den Blättern werden unmittelbar nach dem Welken durch Hitze zerstört, so dass keine Fermentation stattfinden kann. In China erreicht man das durch sekundenlanges Erhitzen auf heißen Pfannen, in Japan werden die Enzyme über heißem Dampf inaktiviert. In beiden Fällen behalten die Blätter ihre grüne Farbe und auch alle wichtigen Inhaltsstoffe bleiben nahezu unverändert erhalten.

Für viele Teeliebhaber ein Muss: Ein Stückchen Kandis versüßt den Genuss.

Für optimale Frische: Tee immer in gut verschließbaren Gefäßen aufbewahren.

Energie für Körper und Geist

Die meisten grünen Tees kommen aus China. Zwar werden **Grüntees**, die etwa 80 Prozent der weltweiten Teeproduktion ausmachen, in allen Regionen Chinas angebaut, doch die besten Sorten stammen aus Lagen in einer Höhe von 1000 bis 2500 Metern Höhe. Bei ihrer sorgfältigen Herstellung wird noch viel Handarbeit geleistet.

Nach China sind Japan, Indien und Ceylon wichtige Anbaugebiete für Tee. Die verschiedenen Böden und klimatischen Konditionen machen Tees so vielfältig im Geschmack.

Grüner Tee passt perfekt in unsere Zeit. In einer Welt, die an den Einzelnen immer höhere Anforderungen stellt, sucht man nach kleinen Nischen des Glücks und der Entspannung: Der Genuss einer liebevoll aufgebrühten Tasse Tee kann einem solche Momente bescheren – das verleiht Energie für weitere Herausforderungen. Doch darüber hinaus versorgt grüner Tee unseren Körper mit zahlreichen wertvollen **Inhaltsstoffen**. Allen voran sei das Koffein (auch Tein) genannt. Wir kennen es vom Kaffee. Doch ist die Wirkung des Teins weit milder, dafür aber anhaltender. Dies liegt an den Gerbstoffen, die eine beruhigende und stabilisierende Wirkung auf den gesamten Organismus, vor allem auf Magen und Darm haben und dafür sorgen, dass das Tein nur langsam vom Körper aufgenommen wird, seine Wirkung kann dann bis zu sechs Stunden anhalten. Je länger Tee zieht, desto mehr Gerbstoffe lösen sich (man merkt das am leicht bitteren und adstringierenden Geschmack). Bis zu 20 Prozent kann Tee enthalten.

Sein Gehalt an Fluorid und Kalzium macht Tee zum Zahnhärter, denn beide Stoffe stärken den Zahnschmelz und beugen so Karies vor. Mangan sorgt für einen moderaten Blutzuckerspiegel.

Vor allem grüner Tee enthält reichlich Nerven stärkendes Vitamin B_1 – daher auch seine ausgleichende Wirkung –, die Vitamine B_2 und A für Augen, schöne Haut und glänzende Haare sowie Vitamin C für ein gut funktionierendes Immunsystem. Zusammen mit Vitamin E hat Vitamin C eine antioxidative (Krebs vorbeugende) Wirkung. Grüner Tee ist also gesund und schenkt uns Wohlbefinden.

Die **ätherischen Öle** im Tee geben ihm sein unverwechselbares Aroma und seinen Duft, auf den menschlichen Stoffwechsel wirken sie angenehm anregend.

Das Geheimnis der wunderbaren Wirkung von grünem Tee liegt in der Kombination dieser verschiedenen Inhaltsstoffe und so beschert er uns gemäß der Lehre von Yin und Yang das scheinbar widersprüchliche Zusammenspiel von Anregung und Entspannung. Obwohl Tee heiß getrunken wird, gilt er in der chinesischen Heilkunst als kühlendes Getränk und Kühle bedeutet Ruhe.

»Grüner Tee berauscht nicht wie Reiswein, sondern belebt, schenkt dem Körper Wohlbefinden und dem Geist Harmonie.«
Chang-Chung-Chin
(chinesischer Heilkundiger)

Faustregel: Pro Tasse rechnet man einen Teelöffel Teeblätter.   Kerzenlicht macht die entspannende Atmosphäre perfekt.

Meditative Zeremonie

Tee aufgießen ist nicht einfach eine Handlung, sondern eine Zeremonie. Nehmen Sie sich also Zeit – das erhöht den Genuss und die Entspannung um ein Vielfaches.

Der **Geschmack** von Tee steigt mit der Qualität des verwendeten Wassers. Je härter, also kalkhaltiger das Wasser, desto schlechter für das Aroma. Wenn Sie besonders hartes Wasser haben, lassen Sie es bei offenem Topf länger kochen. Entkalken Sie Topf oder Wasserkocher häufig und verwenden Sie kein heißes Wasser aus Boiler oder Leitung. Das Wasser zum Kochen bringen, dann auf etwa 70 °C abkühlen lassen. Pro Tasse 1 Teelöffel Teeblätter in die vorgewärmte Kanne geben und mit dem heißen Wasser übergießen. Soll der Tee eher anregend sein, lassen Sie ihn etwa 3 Minuten ziehen, soll er beruhigen, sind 5 bis 6 Minuten richtig. Grüner Tee hat einen leicht bitteren Ton. Wer das nicht mag, schüttet den ersten Aufguss nach 3 Minuten weg und gießt erneut auf. Grünen Tee können Sie mehrmals am Tag aufbrühen.

Natürlich muss es nicht immer grüner (oder schwarzer) Tee sein. Auch **Früchte- oder Kräutertees** gibt es in vielen verschiedenen Geschmacksrichtungen. Sie alle hier zu nennen, würde zu weit führen. Diesen Tees ist gemeinsam, dass sie kein Tein enthalten, also nicht anregend wirken wie grüner oder schwarzer Tee. Je nach Bedarf kann man Kräuter und Früchte mit einem speziellen Wirkungsspektrum wählen.

Frank Heppners Spezialtees

Ingwertee (hilft bei aufkommender Erkältung, wirkt verdauungsfördernd, wärmt den Magen und die Lungen, hilft bei Übelkeit und Durchfall, wirkt entgiftend und unterstützt so die Leber)
♣ Für 1/4 Liter Wasser 1 daumengroßes Stück Ingwer schälen und in Scheiben schneiden. Wasser und Ingwerstücke zum Kochen bringen, dann zugedeckt bei schwacher Hitze 10 Minuten ziehen lassen. Den Tee durch ein Sieb gießen und heiß trinken. Ingwertee schmeckt leicht scharf. Wer mag, kann 1 Teelöffel Honig unterrühren.

Zitronengrastee (wirkt verdauungsfördernd und appetitanregend, wärmt die Nieren, stärkt das Yang)
♣ Für 1/4 Liter Wasser 1/2 Stängel Zitronengras anklopfen, mit dem Wasser zum Kochen bringen, dann bei schwacher Hitze zugedeckt 10 Minuten ziehen lassen. Auch Zitronengras hat einen leicht scharfen Geschmack, den man bei Bedarf mit 1 Teelöffel Honig abmildern kann.

Ayurvedatee (wirkt beruhigend und entspannend)
♣ Für 1 Liter Tee 1 Liter Wasser mit 1 Zimtstange, 1 daumennagelgroßen Stück ungeschältem Ingwer, 3 Kardamomkapseln, 5 Nelken, 1 Anisstern, 2 bis 3 zerstoßenen schwarzen Pfefferkörnern und nach Geschmack 3 bis 4 Fenchelsamen zum Kochen bringen. Dann bei mittlerer Hitze offen etwa 30 Minuten kochen und auf etwa 1/2 Liter reduzieren lassen. Das Wasser durch ein Sieb gießen, mit 1/2 Liter heißer Milch aufgießen und in Gläser oder Tassen füllen. Nach Belieben mit Honig süßen.

Appetizer: feines Fingerfood

Appetizer, das sind feine, kleine Naschereien, die vor dem Essen zu einem Gläschen **Aperitif** gereicht werden. Sie regen die Produktion von Verdauungssäften an, wärmen den Magen und machen ihn bereit für die kommenden Genüsse. Stellen Sie für jeden Gast ein kleines Schälchen und kleine Servietten bereit – so kann man die kleinen Snacks problemlos von der Hand in den Mund genießen.

Alle nachfolgend beschriebenen Knabbereien sind selbst gemacht und ohne großen Aufwand an Technik und Zeit zuzubereiten. Die Mengen bestimmen Sie selbst nach Bedarf und Zahl der Gäste.

Wilder Pop-Reis

✴ Wilden Reis in ein Sieb geben und unter fließendem kaltem Wasser abbrausen, dann gut abtropfen lassen. Den trockenen Reis in eine Pfanne geben und darin bei mittlerer Hitze offen unter ständigem Schwenken erhitzen, bis die Reiskörner platzen. Den heißen Reis nach Belieben mit verschiedenen Aromen würzen. Am besten schmeckt es, wenn der Reis nur ganz leicht gesalzen wird. Nehmen Sie dafür, wenn möglich, Himalajasalz, das Sie im Reformhaus bekommen. Es hat einen wesentlich höheren Anteil an Mineralstoffen wie normales Haushaltssalz. Currypulver ist zum Aromatisieren ebenso geeignet wie Knoblauchöl mit einer Prise Chilipulver. Vielleicht finden Sie noch andere Geschmacksrichtungen, die Sie gern mögen. Die Zutaten in einer Schüssel gut durchmischen und noch leicht warm servieren.

Kartoffelchips

✴ Kartoffeln (am besten vorwiegend fest kochende) waschen, schälen und mit einem Gurkenhobel in feine Scheiben hobeln. Ein sauberes Küchentuch auf eine Arbeitsfläche legen, die Kartoffelscheiben darauf verteilen und mit einem zweiten Küchentuch gut trockentupfen. Das ist wichtig, weil das Öl beim Frittieren spritzt, wenn es mit Wasser in Berührung kommt.
Den Backofen auf 50 °C (Umluft 50 °C, Gas Stufe 1) vorheizen. Neutrales, hoch erhitzbares Pflanzenöl in einer Fritteuse auf etwa 180 °C erhitzen und die Kartoffelscheiben darin portionsweise frittieren, bis sie leicht Farbe genommen haben. Die Chips mit einem Schaumlöffel herausheben, auf Küchenpapier in den warmen Backofen geben und dort kurz abtropfen lassen. Die Wärme zieht das überschüssige Fett aus den Kartoffeln und diese werden schön knusprig. Die Chips mit normalem Salz (Himalajasalz) oder Selleriesalz bestreuen.

Zusätzlich können Sie die Chips mit etwas Knoblauch- oder Chiliöl beträufeln.

Geschmack und Duft von Rosmarin passen herrlich zu Kartoffeln. Beim Frittieren einfach einen Zweig Rosmarin mitfrittieren, bis er knusprig ist. Dann mit einer Schaumkelle aus dem heißen Öl heben und auf Küchenpapier abtropfen lassen. Den Rosmarin etwas abkühlen lassen, dann mit den Händen über die gesalzenen warmen Kartoffelchips bröseln.

Sehr fein schmeckt es auch, wenn Sie knackige Knoblauchzehen abziehen, wie die Kartoffeln in feine Scheiben hobeln, trockentupfen und separat frittieren. Die knusprigen Knoblauchscheiben mit den Kartoffelchips in einer Schüssel mischen.

Statt normaler Kartoffeln können Sie lilafarbene Trüffelkartoffeln verwenden. Diese wirklich hauchdünn hobeln und nur sehr kurz bei 180 °C frittieren. Lässt man die Kartoffeln nämlich zu lange im heißen Öl, werden sie unappetitlich grau bis schwarz.

Von der Hand in den Mund: kleine, feine Naschereien, mal fruchtig, mal pikant.

Kleine Naschereien

Gesalzene und kandierte Mandeln

✺ 1 Tasse Mandeln mit kochendem Wasser überbrühen und kurz darin ziehen lassen. Die Mandeln dann kalt abschrecken und aus den Häuten schnippen. Auf einem Brett auslegen und trocknen lassen. Den Backofen auf 180 °C (Umluft 160 °C, Gas Stufe 2–3) vorheizen. 1 Eiweiß mit den Schneebesen des Handrührers zu steifem Schnee schlagen. 1 Esslöffel Meersalz und eine Prise Chilipulver unter den Eischnee mengen. Die Mandeln in diese Masse geben und alles kräftig mischen. Ein Backblech mit Backpapier belegen. Die Masse darauf streichen und im heißen Backofen etwa 15 Minuten backen, bis sie leicht Farbe genommen hat. Die Mandeln herausnehmen und mit den Fingern voneinander lösen. In einer Schüssel servieren.

Gewürzte Cashewkerne

✺ 1 Tasse Cashewkerne in einer Pfanne ohne Fett rösten, bis sie hellgelb sind und duften. Dann beiseite stellen und abkühlen lassen. 1 kleine rote Chilischote waschen, putzen und fein hacken (oder eine getrocknete Chilischote zerbröseln). 2 Knoblauchzehen abziehen und fein zerkleinern. 2 Esslöffel Öl in einer Pfanne erhitzen, Chilischote und Knoblauch darin braten, bis der Knoblauch glasig ist. 2 bis 3 Blätter Basilikum waschen und trockentupfen. Die Blätter in sehr feine Streifen schneiden und unter das Öl mischen.

Die gerösteten Cashewkerne mit dem Würzöl gründlich vermengen und die Mischung zugedeckt mindestens 2 Stunden bei Zimmertemperatur stehen lassen, damit sich die Aromen optimal entfalten können.

Macademianüsse

✺ 1 Tasse ungesalzene Macademianüsse in eine Pfanne geben. 1 Teelöffel getrocknete, zerkleinerte Garnelen darunter mischen. 1 Orange oder 1 Grapefruit schälen, dabei auch die weiße Innenhaut völlig entfernen, die Filets mit einem scharfen Messer aus den Häuten lösen. Die Filets ebenfalls unter die Nüsse mischen und alles unter ständigem Schwenken erhitzen, bis die Mischung fast trocken ist. Die Nussmischung beiseite stellen und abkühlen lassen. Statt der Fruchtfilets können Sie auch 1/2 Tasse Orangen- oder Grapefruitsaft nehmen und die Nüsse darin so lange schwenken, bis der Saft verdunstet ist.

Kandierte Fruchtspieße

✺ Den Backofen auf 250 °C (Umluft 230 °C, Gas Stufe 6) vorheizen. Frische oder getrocknete Früchte in nicht zu kleine Würfel schneiden und diese auf Schaschlikspießchen aus Holz stecken. Die Früchte mit Puderzucker bestreuen und auf ein Backblech legen. Im heißen Backofen in maximal 5 Minuten karamellisieren, dabei immer wieder wenden. Die Spießchen aus dem Backofen nehmen und auf Pergamentpapier auskühlen lassen.

Reis: ein Korn mit Kraft

Wie lange Reis auf der Erde bereits kultiviert wird, entzieht sich unserer Kenntnis, um seine Entstehungsgeschichte rankt sich ein Mythos: Als der Himmel die Erde liebte, fielen ihm Getreidekörner aus der Tasche und als die Erde den Menschen gebar, fand dieser bereits seine Nahrung – den Reis.

Reis ist also eine **Getreideart**, die in Asien ihren Ursprung hat. Dort gehört Reis zu den Hauptnahrungsmitteln. Er ist ein perfekter Partner für die verschiedenartigsten Zutaten, denn sein neutraler Geschmack passt sich den unterschiedlichen Aromen hervorragend an – ja er nimmt sie geradezu begierig auf. Deshalb spielt er auch in meinen Rezepturen eine bedeutende Rolle.

Reis ist besonders **leicht verdaulich**, denn er enthält im Vergleich zu anderen Getreidearten wenig Fett und Eiweiß. An Inhaltsstoffen sind Magnesium, Phosphor und Kalium erwähnenswert, Letzteres ist für die entwässernde Wirkung von Reis verantwortlich.

Weit über **8000 verschiedene Sorten** gibt es und jährlich kommen neue Züchtungen hinzu. Grob unterschieden wird Reis in Lang- und Rundkornreis. Je nach Stärkegehalt wird der Reis beim Kochen klebrig oder locker, allerdings muss man bei der Zubereitung einige Grundregeln beachten, dann kann nichts schief gehen. Für die Reiszubereitung kennt man unterschiedliche Methoden:

Methode 1: Den Reis mit der eineinhalbfachen Menge Wasser (Beispiel: 1 Tasse Reis auf 1 1/2 Tassen Wasser) in einen Topf geben und zum Kochen bringen. Dann den Reis bei schwacher Hitze offen ausquellen lassen, das kann auch im vorgeheizten Backofen bei 80 °C (Umluft 60 °C, Gas Stufe 1) erfolgen.

Methode 2: Den Reis in reichlich sprudelnd kochendes Wasser geben und darin garen, abgießen, auf einem Blech verteilen, mit Butterflöckchen besetzen und im Backofen bei 80 °C (Umluft 60 °C, Gas Stufe 1) etwa 10 Minuten ausdämpfen lassen.

Methode 3: Vor allem in Asien wird Reis gern im Bambuskörbchen gedämpft. Das ist zwar sehr zeitaufwändig, dafür aber besonders schonend. Den Reis in ein Dämpfkörbchen geben und im geschlossenen Topf über heißem Wasser garen. Das kann unter Umständen doppelt so lange dauern wie bei den ersten beiden Methoden.

Basmatireis ist sicher der berühmteste Reis Asiens. Wegen seines zarten betörenden Dufts wird er auch als Duftreis bezeichnet. Einige thailändische Sorten entwickeln ein derart berauschendes Aroma, dass sie den poetischen Namen »Jasminreis« tragen.
Basmatireis gedeiht unter anderem am Fuße des Himalajas, dessen mineralstoffreiche Schmelzwässer ihm eine außerordentliche Qualität verleihen. Er ist der perfekte Partner für Fleisch-, Fisch- und Gemüsegerichte, passt aber auch als wohlschmeckende Einlage in klare oder gebundene Suppen.

Klebreis verdankt seinen Namen der Tatsache, dass die Körnchen nach dem Garen aneinander kleben. Das ist kein »Küchenunfall«, sondern durchaus gewollt und für manche Gerichte von immensem Vorteil: Sushi beispielsweise wären mit perfekt körnig gekochtem Reis überhaupt nicht zu machen. Und auch mit Stäbchen lässt sich körniger Reis bei weitem nicht so leicht essen wie Klebreis.

Sushireis ist eine spezielle Sorte für die feinen Reishäppchen, die ihren Siegeszug über die ganze Welt angetreten haben. Er ist feuchter und klebt stärker als alle anderen Reissorten.

Gibt vielen asiatischen Gerichten einen feinen Geschmack: Kokosmilch aus Dose oder Tetrapack.

Zum Frittieren am besten geeignet und außerdem neutral im Geschmack: hoch erhitzbares Kokosfett.

Graupenrisotto mit Currypaste und Rucola

Für 4 Personen

200 g Graupen
1 EL rote Currypaste
470 ml Kokosmilch
(aus der Dose)
1 TL Fischsauce
1/8 l Brühe
1 Zweig Koriander
150 g Staudensellerie
3 Bund Rucola
250 g Kokosfett zum
Frittieren
1 EL geschlagene Sahne
1 TL Austernsauce

Die Graupen in reichlich Wasser etwa **4 Stunden einweichen**.

Für die Sauce die Currypaste mit der Kokosmilch in einen Topf geben und aufkochen lassen, die Fischsauce und die Brühe angießen und den Koriander dazugeben.

Die eingeweichten Graupen abgießen und in der Sauce in etwa 30 Minuten weich kochen. Den Sellerie waschen, putzen und in feine Würfel schneiden, die Blätter sehr fein hacken, Selleriewürfel und -grün unter die Graupen rühren.

Den Rucola waschen, verlesen und die groben Stiele abknipsen. Die Blätter trockenschleudern oder trockentupfen.

Das Fett in einer hohen Pfanne erhitzen und die Blätter darin portionsweise frittieren, bis sie schön knusprig sind.

Die geschlagene Sahne und die Austernsauce unter den Graupenrisotto mischen und diesen auf vorgewärmte tiefe Teller verteilen, den frittierten Rucola darauf anrichten.

Variante
Der Graupenrisotto wird mit Shrimps oder Hummer zu einer besonderen Delikatesse.

 Statt Rucola können Sie Porree verwenden. Den Porree in sehr feine Streifen schneiden. Die Streifen in Mehl wenden und ebenfalls im heißen Öl goldgelb frittieren.

Zubereitungszeit | 4 5 Minuten | Schwierigkeitsgrad | ✳

Gebratener Basmatireis mit Ei und Gemüse

Für 4 Personen

200 g Brokkoli
200 g Weißkraut
1 Bund Frühlingszwiebeln
2 Knoblauchzehen
2 EL Öl zum Braten
400 g Basmatireis, gekocht
2 EL Brühe
1 TL thailändische
Fischsauce
2 EL helle Sojasauce
2 Eier
1 EL Butter

Den Brokkoli waschen, putzen und in kleine Röschen schneiden. Das Kraut waschen und den Strunk entfernen, die Blätter in nicht zu feine Streifen schneiden. Die Frühlingszwiebeln waschen und putzen, die weißen Teile von den grünen Teilen trennen und beides in feine Streifen schneiden. Die grünen Streifen zum Garnieren beiseite legen. Den Knoblauch abziehen und in feine Würfel schneiden.

Das Öl in einer Pfanne erhitzen, das Weiße der Frühlingszwiebeln, den Knoblauch, Brokkoli und Kraut darin schwenken, bis das Kraut glasig ist. Den gekochten Basmatireis und die Brühe unterrühren. Das Gericht mit Fisch- und Sojasauce abschmecken und warm stellen.

Die Eier verquirlen. Die Butter in einer Pfanne erhitzen und die Eier darin unter Rühren stocken lassen, dann unter den Reis rühren. Das Ganze noch einmal kurz erwärmen, sodass der Reis schön trocken ist. Dann das Grüne der Frühlingszwiebeln darunter rühren.

Variante

Besonders gut schmeckt der Reis, wenn man ihn, wie in China üblich, mit Schinkenwürfeln oder kleinen Hackfleischbällchen serviert.

Zubereitungszeit | 3 0 M i n u t e n | **Schwierigkeitsgrad** |

Knusprig frittierte Auberginenscheiben sind eine hübsche Dekoration.

Den gebratenen Reis mit den Eiern nicht mehr zu stark erhitzen, sondern die Eier nur stocken lassen.

Dinkelrisotto mit Ziegenkäse und Brennnesseltempura

Für 4 Personen

200 g Dinkel oder
Grünkern
1 Ei
100 g Tempuramehl
(Fertigprodukt)
1 l Brühe
1 Zwiebel
1 EL Butter
1 EL Mirin
100 g Sellerieknolle
1 EL Sojasauce
Salz, Pfeffer
12 Brennnesselblätter
Kokosfett
100 g Ziegenkäse
1 EL geschlagene Sahne

Dinkel oder Grünkern waschen, mit reichlich Wasser begießen und 40 Minuten quellen lassen. In der Zwischenzeit Ei und Tempuramehl mit 200 Milliliter Brühe zu einem glatten Teig verrühren, den Teig zugedeckt beiseite stellen.

Für den Dinkelrisotto den Dinkel abtropfen lassen. Die Zwiebel abziehen, würfeln und in der Butter glasig dünsten. Dinkel und Mirin dazugeben. 500 Milliliter Brühe angießen und langsam zum Kochen bringen, dabei immer wieder umrühren.

Nach und nach immer wieder etwas Brühe angießen, der Risotto sollte geschmeidig sein und schwer vom Löffel fallen. Den Risotto insgesamt 30 Minuten kochen lassen, dabei immer wieder umrühren.

Inzwischen den Sellerie schälen und in kleine Würfel schneiden. Die Würfel etwa 5 Minuten vor Ende der Garzeit zum Risotto geben. Den Risotto mit Sojasauce, Salz und Pfeffer würzen, dann warm stellen.

Die Brennnesselblätter waschen und gründlich trockentupfen. Reichlich Fett in einer Pfanne mit hohem Rand oder in einer Fritteuse erhitzen. Die Blätter am Stiel nehmen, in den Tempurateig tauchen und kurz in dem heißen Fett frittieren, dann herausnehmen und auf Küchenpapier abtropfen lassen.

Den Ziegenkäse in Würfel schneiden und unter den Risotto mischen. Den Risotto auf Teller verteilen, mit der geschlagenen Sahne und den frittierten Brennnesselblättern garnieren.

Variante
Statt der Brennnesselblätter eignen sich auch Löwenzahn und Rucola.

❖ Bringt Farbe und Geschmack: Mit dem Sellerie 1 Teelöffel Currypulver unter den Risotto rühren.

Zubereitungszeit | 6 0 M i n u t e n | **Schwierigkeitsgrad** | ✳

Zum Formen unerlässlich: eine Bambusmatte.

Geröstete Sesamsamen geben den letzten Pfiff.

Sushireis (Grundrezept)

Für 30 Sushi

300 g Sushireis
(asiatischer Klebreis;
ergibt etwa 650 g
fertigen Reis)
3 EL Reisessig
4 TL Zucker
1 TL Salz

Den Reis in ein Sieb geben, kalt abbrausen und kurz abtropfen lassen. Den Reis mit 375 Milliliter Wasser aufkochen lassen. Den Reis zugedeckt bei schwacher Hitze nach Packungsangabe 10 bis 20 Minuten ausquellen lassen; er sollte eben gar sein.

Den Sushireis vom Herd nehmen, ein Küchentuch zwischen Topf und Deckel legen und den Reis 10 Minuten nachquellen lassen. Zum Abkühlen in eine flache Schüssel füllen.

Essig, Zucker und Salz so lange verrühren, bis sich Zucker und Salz völlig aufgelöst haben. Diese Mischung mit einem Holzspatel gründlich unter den Reis heben, aber nicht rühren.

Den Sushireis bis zum Verarbeiten mit einem feuchten Tuch bedecken, damit er nicht austrocknet.

Variante
Verfeinern Sie den Reis mit 2 Esslöffel Reiswein.

California-Rolls
6 Esslöffel helle Sesamsamen in einer Pfanne hellgelb rösten. 1 Salatgurke waschen, halbieren, die Kerne mit einem Löffel herauslösen. Die Gurkenhälften längs in dünne Scheiben, dann quer in feine Streifen schneiden. 1 Avocado schälen, den Kern entfernen, das Fruchtfleisch in feine Streifen schneiden und sofort mit 1 Esslöffel Zitronensaft vermengen. 50 Gramm gekochte Garnelen grob hacken.

Eine Bambusmatte ausbreiten, darauf 1 Yakinori-Seetangblatt legen. Von 650 Gramm gekochtem Sushireis 4 Esslöffel abnehmen und auf dem Seetangblatt verteilen, rundum einen etwa 1 Zentimeter breiten Rand lassen. Ein Stück Frischhaltefolie darauf legen und andrücken. Das Ganze umdrehen und auf eine Bambusmatte legen. Die Mitte des Seetangblatts mit etwas Wasabi bestreichen. Dann mit Gurken- oder Avocadostreifen sowie mit Garnelenfleisch belegen. Das Ganze mit Hilfe der Bambusmatte aufrollen, die Frischhaltefolie entfernen. Die Rolle in 6 oder 8 Stücke schneiden. So insgesamt 6 Rollen formen.

❖ Servieren Sie zu den Rollen eingelegten Ingwer, Sojasauce und Wasabi.

Zubereitungszeit | 4 0 M i n u t e n | **Schwierigkeitsgrad** | ✳

Riesengarnelen nur kurz und schonend garen.

Besonders fein im Geschmack: Perl- oder Silberzwiebeln.

Tomatenrisotto mit Riesengarnelen und Kokos
an glacierten Perlzwiebeln

Für 4 Personen

Für die Perlzwiebeln
200 g Perlzwiebeln
10 g Butter
3 EL Zucker
100 ml Weißwein
abgeriebene Schale von
1/2 unbehandelten Zitrone

Für den Risotto
4 Tomaten
1 Zwiebel
16 Riesengarnelen, roh,
ohne Schale
2 EL Olivenöl
300 g Risottoreis
1/8 l Brühe oder Wasser
1 Bund Basilikum
470 ml Kokosmilch
(aus der Dose)
Salz, Pfeffer
100 g geriebener Parmesan

Die Perlzwiebeln abziehen. Butter und Zucker in einer Pfanne schmelzen lassen. Die Zwiebeln dazugeben und in dieser Mischung 5 bis 10 Minuten bei schwacher Hitze glacieren. Dann den Weißwein angießen. Die Zwiebeln unter ständigem Rühren garen, bis die Flüssigkeit fast verkocht ist und die Zwiebeln eine goldbraune Farbe haben. Zum Schluss die Zitronenschale dazugeben und das Ganze noch einmal kurz erhitzen.

Für den Risotto die Tomaten waschen und grob zerkleinern, dabei die Stielansätze entfernen. Die Tomaten in einem Rührbecher pürieren und beiseite stellen. Die Zwiebel abziehen und würfeln. Die Garnelen in Würfel schneiden.

1 Esslöffel Olivenöl erhitzen. Zwiebel- und Garnelenwürfel darin bei schwacher Hitze braten, bis die Garnelen leicht rot sind, beiseite stellen. 1 Esslöffel Olivenöl erhitzen und den Reis darin kurz anrösten, dann nach und nach Brühe oder Wasser angießen und den Reis unter Rühren etwa 20 Minuten im offenen Topf quellen lassen. Basilikum waschen, trockenschütteln und die Blättchen in Streifen schneiden.

Die pürierten Tomaten zum Risotto geben und alles weitere 10 Minuten bei schwacher Hitze kochen lassen. Dann nach und nach die Kokosmilch unterrühren. Den Risotto mit Salz und Pfeffer würzen und 50 Gramm geriebenen Parmesan unterrühren.

Garnelen und Zwiebeln untermischen, den Risotto nochmals aufkochen lassen, mit Perlzwiebeln und Basilikum anrichten. 50 Gramm Parmesan getrennt dazu reichen.

❖ Die Perlzwiebeln in kochend heißem Wasser etwa 5 Minuten ziehen lassen, dann lösen sich die Schalen leichter.

Zubereitungszeit | 6 0 Minuten | Schwierigkeitsgrad | ✳ ✳

Ratatouille mit Reistalern und Szechuan-Pfeffer

Für 4 Personen

200 g Duftreis
1 Zucchino
1 Aubergine
1 rote Paprikaschote
1 Fenchel
1 Zwiebel
3 EL Olivenöl
1/2 Ananas
30 g Ingwer
30 g Knoblauch
1 Tomate
1 EL Ketchup
2 EL Sojasauce
1 TL Szechuan-Pfeffer
einige Kräuterblättchen
nach Belieben

Den Duftreis mit der eineinhalbfachen Menge Wasser aufsetzen, zum Kochen bringen und bei schwacher Hitze offen etwa 20 Minuten quellen lassen.

Von dem warmen Reis mit einem kleinen Löffel Nocken abstechen, daraus kleine Bällchen formen und diese zu Talern von etwa 5 Zentimeter Durchmesser formen. Die Taler auf einen Teller setzen und zugedeckt kalt stellen.

Zucchino, Aubergine und Paprikaschote waschen, putzen und würfeln. Den Fenchel waschen, putzen und in etwas kleinere Würfel schneiden. Die Zwiebel abziehen und ebenfalls würfeln. 1 Esslöffel Olivenöl in einer großen Pfanne erhitzen und die Zwiebelwürfel darin glasig braten. Die Fenchelwürfel dazugeben und kurz durchschwenken. Dann die Paprikawürfel unterrühren, zum Schluss Auberginen- und Zucchinowürfel dazugeben, durchschwenken, dann beiseite stellen.

Für die Sauce die Ananas schälen, die schwarzen Augen mit einem scharfen Messer herausschneiden. Den Ingwer schälen und fein würfeln. Den Knoblauch abziehen und ebenfalls klein würfeln. Die Tomate mit kochendem Wasser überbrühen, häuten und in kleine Würfel schneiden, dabei Stielansatz und Kerne entfernen.

Ananas, Tomatenwürfel und Ketchup in einen Topf geben und langsam zum Kochen bringen. Die Sojasauce und den Szechuan-Pfeffer unterrühren.

Das lauwarme Gemüse in einen Topf geben. Die Sauce hinzufügen und alles nochmals kurz aufkochen lassen. 2 Esslöffel Olivenöl in einer Pfanne erhitzen, die Reistaler darin von beiden Seiten goldgelb ausbacken, dann herausnehmen.

Die Ratatouille in tiefe Teller schöpfen, die Reistaler darauf anrichten. Mit einigen Kräuterblättchen garnieren.

Varianten
Die Ratatouille bekommt durch das Ketchup einen leicht süßlichen Geschmack. Sie können das Ketchup durch 1 frische Tomate ersetzen oder dem Gericht mit 1 Messerspitze Sambal oelek etwas Schärfe verleihen.

❖ Wenn Sie dieses Gericht für eine größere Personenzahl kochen wollen, sollten Sie die einzelnen Gemüsesorten jeweils separat in einer Pfanne anbraten, denn sie haben unterschiedliche Garzeiten: Fenchel und Paprika brauchen am längsten.

Zubereitungszeit | 6 0 Minuten | **Schwierigkeitsgrad** | ✳

Pfifferlinge im Reisblatt mit Ingwerschaum

Für 4 Personen

400 g Pfifferlinge
1 Schalotte
50 g frischer Spinat
6 EL Olivenöl
Salz, Pfeffer
1/2 TL Fünf-Gewürz-Pulver
2 cm frischer Ingwer
1 TL Hoisinsauce
1 EL Pflaumenwein
1 EL dunkle Bratensauce
8 Reisblätter
20 g helle Sesamsamen
10 g schwarze Sesam-
samen

Die Pfifferlinge kurz waschen oder mit einem Pinsel säubern, gewaschene Pilze zum Abtropfen auf ein trockenes Tuch legen. Die Schalotte abziehen und würfeln. Den Spinat verlesen, putzen und waschen. Die Blätter trocken-schleudern und grob hacken.

1 Esslöffel Öl in einer Pfanne erhitzen und die Schalotte darin bei schwacher Hitze glasig braten. Die Pfifferlinge dazugeben und kurz mitdurchschwen-ken, mit Salz, Pfeffer und einer Prise Fünf-Gewürz-Pulver würzen. Den Spinat unterrühren und kurz mitdünsten. Dann den Pfanneninhalt in eine flache Schüs-sel geben und abkühlen lassen.

Inzwischen den Ingwer schälen und in feine Streifen schneiden. Den austre-tenden Saft von Pfifferlingen und Spinat in einen Topf gießen, Ingwer, Hoisin-sauce, Pflaumenwein und restliches Fünf-Gewürz-Pulver dazugeben. Die Sauce bei mittlerer Hitze einkochen lassen, dann die Bratensauce unter-rühren und die Sauce weitere 2 bis 3 Minuten kochen lassen. Die fertige Sauce warm halten.

Die Pfifferling-Spinat-Mischung gut aus-drücken. Je 1 Reisblatt in kaltes Wasser tauchen und ein Achtel der Mischung darauf geben, die Ränder des Reisblatts über der Füllung zusammenschlagen. So alle Reisblätter füllen.

Die Päckchen mit der Oberfläche vor-sichtig in den hellen und den schwarzen Sesamsamen drücken. 5 Esslöffel Öl in einer Pfanne erhitzen und die Päckchen darin rundum goldgelb braten. Die Sauce als Spiegel auf vier Teller vertei-len, die Päckchen darauf setzen und mit dem restlichen Sesam bestreuen.

❖ Vor dem Füllen müssen die Reis-blätter nach Packungsanweisung in Wasser eingeweicht werden, damit sie flexibel sind und nicht brechen. Beim Füllen darauf achten, dass weder zu viel Flüssigkeit noch zu viel Luft in den Päckchen ist, sonst platzen sie leicht.

❖ Die Pfifferlinge im Reisblatt passen als Beilage hervorragend zu Wildgerich-ten, beispielsweise zu Reh- oder Hirsch-lendchen.

Zubereitungszeit | 6 0 Minuten | **Schwierigkeitsgrad** | ✳

Nudeln: filigrane Kunstwerke

Auch wenn es in Asien nicht so viele Nudelsorten gibt wie in Europa, so ist die Formen- und Geschmacksvielfalt doch beeindruckend.

Ebenso wie in Europa kennt man in Asien **Nudeln** aus weißem Weizen-, Vollkorn- oder Buchweizenmehl, wobei Letzterem wegen der besseren Kocheigenschaften weißes Weizenmehl beigemischt wird. Darüber hinaus werden Nudeln aus Reismehl und solche aus verschiedenen Mischungen von Kartoffel-, Süßkartoffel-, Pfeilwurz- und Mungobohnenstärke hergestellt, wir kennen sie als Glasnudeln.

Die dünnen, durchsichtigen (daher ihr Name) **Glasnudeln** werden vor der Verwendung kurz in heißem Wasser eingeweicht, sie haben dann eine leicht glibberige Konsistenz. Je nach Belieben kann man die Nudeln ganz lassen oder mit einer Küchenschere in Stücke schneiden. Eingeweichte Glasnudeln brauchen nicht mehr gegart zu werden. Dienen sie als Suppeneinlage, muss man sie überhaupt nicht einweichen, sondern gibt sie kurz vor dem Servieren in die heiße Brühe. Ihr neutraler Geschmack macht sie zum idealen Kombipartner für andere Zutaten, auch mit

zartem Aroma. Mit Glasnudeln lassen sich wunderbar leichte Salate und Suppen zaubern. Sie haben einen positiven Einfluss auf den gesamten Organismus: Sie wirken beruhigend und entwässernd, sind hilfreich bei Müdigkeit, zu hohem Blutdruck und Cholesterinspiegel und stärken die Leber.

Reis- und Weizennudeln werden häufig als Beilagen gereicht oder unter Gemüse- und Fleischgerichte gemischt. Es gibt sie natur oder mit Spinat, grünem Tee, Safran oder Roten Beten gefärbt.

Nur Wasser, Salz und Reismehl braucht man, um **Reisnudeln** herzustellen. Sie werden vor der Verwendung in lauwarmem Wasser nach Packungsanweisung eingeweicht, sind leicht verdaulich und deshalb auch als diätetisches Lebensmittel geeignet. Verschiedene Formen, Stärken und Längen sorgen für bunte Abwechslung auf dem Teller.

Asiatische **Eiernudeln** werden aus Weizenmehl, Wasser, Salz und Eiern hergestellt, wobei man in Asien keine Hühner-, sondern Enteneier verwendet. Diese Nudeln werden in kochendem Wasser gegart, dann frittiert und gebraten als Solisten oder mit Gemüse-,

Fleisch- oder Fischgerichten gemischt serviert.

Sobanudeln bestehen aus Buchweizen- und Weizenmehl. Die grauen, manchmal auch mit grünem Tee oder Rote-Bete-Saft zart eingefärbten Nudeln werden in kochendem Wasser gegart, mit Sojasauce, als Suppeneinlage oder Beilage serviert.

Für **Frühlingsrollen**, Wan-Tans u.Ä. verwenden die Asiaten Reispapier, Frühlingsrollen- und Wan-Tan-Blätter.

Die hauchdünnen, zerbrechlichen **Reisblätter** bestehen aus den gleichen Zutaten wie Reisnudeln und müssen vor dem Füllen in lauwarmem Wasser eingeweicht werden, bis sie geschmeidig sind. Nur so lassen sie sich füllen und rollen.

Frühlingsrollenteig bekommen Sie frisch oder tiefgekühlt im Asienladen, Feinkostgeschäft oder gut sortierten Supermarkt. Die Blätter sind aus papierdünnem, feinem Teig, der schnell austrocknet. Deshalb sollten Sie die Blätter bis zum Verarbeiten mit einem feuchten Tuch bedecken und nur ein Blatt nach dem anderen füllen. Dasselbe gilt für **Wan-Tan-Teigblätter**, die Sie in verschiedenen Größen kaufen können.

Ingwer hat ein scharf-süßliches Aroma und schmeckt am besten frisch gerieben.

Schwarze Nudeln auf Wasabischaum mit Thunfischwürfeln

Für 4 Personen

Salz
250 g schwarze Nudeln
(mit Sepia gefärbte
Nudeln)
20 g Sushi-Ingwer
50 g frischer Ingwer
1 Zwiebel
3 EL Öl
1 TL Zucker
3 EL Sake (Reiswein)
250 g Sahne
200 g Thunfischfilet
1 EL Wasabi-Pulver
1 EL Sojasauce
1 Bund Thaibasilikum

Reichlich Salzwasser erhitzen und die Nudeln darin nach Packungsangabe garen. Dann abgießen und erkalten lassen. Den Sushi-Ingwer in feine Streifen schneiden.

Während die Nudeln garen, für die Sauce den frischen Ingwer schälen und fein hacken. Die Zwiebel abziehen und ebenfalls fein hacken. 1 Esslöffel Öl erhitzen, den Zucker unterrühren. Ingwer und Zwiebel darin etwa 5 Minuten glacieren. Dann mit Sake ablöschen und mit Sahne auffüllen. Das Ganze etwa 5 Minuten bei schwacher Hitze kochen lassen.

Das Thunfischfilet in etwa 3 Zentimeter große Würfel schneiden. 2 Esslöffel Öl in einer Pfanne erhitzen und die Thunfischwürfel darin von allen Seiten kurz und kräftig anbraten, das Fleisch soll innen noch rosa sein.

Die Sauce mit einem Stabmixer pürieren und eventuell durch ein Sieb streichen, falls der Ingwer nicht fein genug zerkleinert wurde. Die Nudeln und den Sushi-Ingwer in die Sauce geben, das Wasabi-Pulver mit 3 Esslöffel Wasser und der Sojasauce verrühren und ebenfalls untermischen. Das Ganze erhitzen, bis die Nudeln heiß sind. Inzwischen das Basilikum waschen und trockenschütteln.

Die Nudeln auf vorgewärmten Tellern mit reichlich Sauce anrichten, die Thunfischwürfel und die Thaibasilikumblättchen dekorativ darauf verteilen.

Variante
Vegetarier ersetzen die Thunfischwürfel durch Pilze oder anderes Gemüse wie Brokkoli oder Romanesco.

❖ Wasabi gibt es auch schon fertig angerührt als Paste zu kaufen. Diese lässt sich zwar besser verarbeiten, sie ist aber nicht so lange haltbar wie das Pulver und enthält außerdem eine ganze Reihe an Zusatzstoffen.

Zubereitungszeit | 4 0 M i n u t e n | **Schwierigkeitsgrad** | ✳

Gebratene Nudelrösti mit Lachs und Misosauce

Für 4 Personen

Salz
200 g Mendake- oder
Eiernudeln
1 EL helle Sesamsamen
150 g Lachs
1 Bund Koriander
1 TL Austernsauce
1 EL Sojasauce
1 Stange junger Porree
4 EL Weißwein
10 g Butter
1/2 TL Zucker
4 EL Brühe
50 g Sojasprossen
Pfeffer
4 EL Pflanzenöl
1 EL Misopaste
1 TL Sesamöl

Salzwasser erhitzen und die Nudeln darin etwa 2 Minuten blanchieren, abgießen und beiseite stellen. Die Sesamsamen in einer Pfanne ohne Fett hellgelb rösten, dann beiseite stellen. Den Lachs fein hacken. Den Koriander waschen und trockenschütteln, die Blättchen mit einem scharfen Messer fein zerkleinern.

Lachs mit Sesamsamen, Austernsauce, Koriander (etwas zum Garnieren zurückbehalten) und Sojasauce gründlich mischen. Die Mischung zu den Nudeln geben und aus der Masse kleine Rösti formen. Die Rösti auf einem Teller zugedeckt beiseite stellen.

Für die Porreesauté den Porree putzen, längs aufschneiden, abbrausen und in 5 Zentimeter lange Stücke schneiden.

2 Esslöffel Weißwein, Butter, Zucker und 2 Esslöffel Brühe erhitzen, die

Porreestreifen darin etwa 5 Minuten glacieren, dann die Sprossen dazugeben und kurz mitdünsten, mit Salz und Pfeffer würzen, beiseite stellen.

Das Öl erhitzen, die Nudelrösti darin von beiden Seiten knusprig ausbacken, dann herausnehmen und auf Küchenpapier abtropfen lassen.

Für die Sauce die Misopaste, 2 Esslöffel Weißwein, 2 Esslöffel Brühe und das Sesamöl vermischen und mit dem Porree auf Tellern anrichten. Die Nudelrösti darauf setzen, mit etwas Koriander garnieren.

Variante
Sie können den Lachs durch fein gehacktes Hähnchenbrustfilet ersetzen.

Zubereitungszeit | 6 0 M i n u t e n | Schwierigkeitsgrad | ✳ ✳ ✳

Sojasprossen erhalten Sie frisch im gut sortierten Supermarkt, im Naturkost- oder Asienladen.

Die Mendakenudeln können Sie auch durch chinesische Eiernudeln ersetzen.

Ein Beutel Tee im Nudelwasser: der Aroma-Kick!

Sobanudeln erhalten Sie im Asienladen.

Japanische Sobanudeln in grünem Tee mit Sprossengemüse

Für 4 Personen

1 Beutel grüner Tee
(für 200 ml Wasser)
250 ml Brühe
(am besten Gemüsebrühe)
200 g Sobanudeln
1 EL helle Sojasauce
1 EL Zucker
1 TL Dashi
1 rote Paprikaschote
100 g Porree
100 g Sojasprossen
1 TL Sesamöl

200 Milliliter Wasser in einem Topf zum Kochen bringen, den Teebeutel darin etwa 4 Minuten ziehen lassen. Die Brühe mit dem Tee in einen Topf geben und zum Kochen bringen. Die Sobanudeln darin 2 bis 3 Minuten kochen lassen. Die Nudeln abgießen, die Flüssigkeit dabei auffangen, beiseite stellen und erkalten lassen.

Die Sobanudeln mit der hellen Sojasauce, dem Zucker und Dashi vermischen.

Die Paprikaschote waschen, putzen und in sehr kleine Würfel schneiden. Den Porree längs aufschneiden, gründlich abbrausen und in feine Streifen schneiden. Die Sprossen in ein Sieb geben und unter kaltem Wasser abbrausen. Paprika, Porree und Sprossen vermischen und zu den Nudeln geben.

Die Hälfte der Brühe-Tee-Mischung in einen Topf geben und leicht erhitzen. Dann Nudeln, Sesamöl und Gemüse unterrühren und erwärmen. Die Nudeln auf tiefe Teller verteilen.

Variante
Verfeinern Sie das Gericht mit Bonitoflocken oder in feine Streifen geschnittenem Seetang, die Sie in jedem Asialaden erhalten. Den Seetang müssen Sie vor dem Zerkleinern in warmem Wasser einweichen.

❖ Wollen Sie die Sobanudeln als Beilage servieren, dann sollten Sie die Nudeln vorher abseihen.

Zubereitungszeit | 4 5 M i n u t e n | **Schwierigkeitsgrad** | ✳

Chinesische Nudeln mit Tandoorihuhn

Für 4 Personen

50 g getrocknete
Mu-Err-Pilze
300 g chinesische
Eiernudeln
Salz
2 Hähnchenbrustfilets
1 EL Tandooripaste
3 EL Olivenöl
1/4 l Brühe
1 EL Sojasauce
1 TL gemahlener Szechuan-
Pfeffer
2 kleine Zwiebeln
1 Knoblauchzehe
1 Zweig Petersilie

Die Mu-Err-Pilze mit lauwarmem Wasser begießen und zugedeckt **60 Minuten einweichen.** Die Nudeln nach Packungsangabe in reichlich Salzwasser kochen, dann abgießen und abkühlen lassen. Den Backofen auf 200 °C (Umluft 180 °C, Gas Stufe 3–4) vorheizen.

Die Hähnchenbrustfilets von Sehnen und Knochenresten befreien, säubern und mit einem Küchentuch abtupfen. Die Filets von beiden Seiten mit der Tandooripaste einreiben und im heißen Backofen in einer Form oder Pfanne mit 1 Esslöffel Öl 10 bis 15 Minuten braten, dabei einmal wenden.

Inzwischen die Brühe mit den eingeweichten Mu-Err-Pilzen, der Sojasauce und dem Szechuan-Pfeffer zum Kochen bringen. Zwiebeln und Knoblauchzehe abziehen. Den Knoblauch in die Brühe pressen. Die Zwiebeln vierteln.

2 Esslöffel Öl in einer Pfanne erhitzen, die Zwiebelviertel darin anbraten, aber keine Farbe nehmen lassen. 2 bis 3 Esslöffel Brühe zugeben und die Zwiebeln darin 5 Minuten glacieren. Die fertigen Zwiebeln beiseite stellen.

Die erkalteten Nudeln in den Topf mit der Brühe geben. Die fertigen Hähnchenbrustfilets – sie sollen durchgebraten sein – aus dem Backofen nehmen und kurz ruhen lassen. Inzwischen die Petersilie waschen, trockenschütteln und die Blättchen fein hacken. Die Hähnchenbrustfilets in feine Scheiben schneiden.

Die Nudeln auf Tellern anrichten, die Hähnchenbrustscheiben und die glacierten Zwiebeln darauf anrichten. Mit Petersilie bestreuen.

 Die Hähnchenbrust können Sie durch Fisch oder Krustentiere ersetzen.

Zubereitungszeit | 5 0 M i n u t e n | **Schwierigkeitsgrad** | ✳

Gebratene Mendakenudeln mit Tamarindensauce
und Wasserkastanien

Für 4 Personen

250 g Mendakenudeln
Salz
50 g frischer Ingwer
100 g Zuckerschoten
100 g Möhren
100 g Palmzucker
1 Glas Tamarindenpaste
(ca. 90 g)
1 Zwiebel
2 EL Austernsauce
2 EL rote Chilisauce
1/2 Bund Petersilie
1/2 Bund Schnittlauch
1/8 l Brühe oder Wasser
100 g Wasserkastanien
(aus der Dose)
100 g Sojasprossen
1 EL Öl

Die Mendakenudeln in reichlich Salzwasser kochen, dann abgießen, eiskalt abschrecken und beiseite stellen.

Während die Nudeln garen, den Ingwer schälen und fein reiben. Die Zuckerschoten waschen, putzen und schräg in feine Streifen schneiden. Die Möhren schälen und ebenfalls in feine Streifen schneiden.

Für die Tamarindensauce Palmzucker, Ingwer und Tamarindenpaste in einem Topf erhitzen, bis Paste und Zucker sich aufgelöst haben.

Die Zwiebel abziehen, halbieren und in Würfel schneiden. Die Zwiebelwürfel zur Tamarindensauce geben und darin in etwa 5 Minuten bei schwacher Hitze leicht glacieren. Die Zwiebelwürfel mit Austern- und Chilisauce ablöschen und alles weitere 5 Minuten garen.

Inzwischen Petersilie und Schnittlauch waschen und trockenschütteln. Die Petersilienblättchen fein hacken, den Schnittlauch in feine Röllchen schneiden.

Brühe, am besten Gemüsebrühe, oder Wasser an die Tamarindensauce gießen, die Möhren zufügen und das Ganze weitere 5 Minuten bei schwacher Hitze kochen lassen.

Die Wasserkastanien abtropfen lassen, in Scheiben schneiden und mit den Zuckerschoten in die Sauce geben. Diese aufkochen lassen, die Sprossen dazugeben, die Sauce beiseite stellen.

Das Öl in einer Pfanne erhitzen, die Nudeln darin kurz durchschwenken und wieder erwärmen. Die Nudeln auf vorgewärmten Tellern anrichten, mit der Sauce übergießen und mit den Kräutern bestreut servieren.

Zubereitungszeit | 5 0 M i n u t e n | **Schwierigkeitsgrad** | ☀

Glatte Petersilie für ein Plus an Geschmack und Vitamin C.   Knackig und fein-nussig: Wasserkastanien.

Shiitake: fein aromatische Pilze, die es auch getrocknet gibt.

Spaghetti mit Shiitake-Pilzcreme

Für 4 Personen

Salz
2 EL Olivenöl
250 g Spaghetti
100 g Shiitake-Pilze
3 Schalotten
1 Bund Petersilie
1 Tomate
100 ml trockener Weißwein
4 cl helle Sojasauce
200 g Sahne
2 Knoblauchzehen

Reichlich Salzwasser zum Kochen bringen, ein paar Tropfen Öl hineingeben. Die Spaghetti darin nach Packungsanweisung bissfest garen. Die fertigen Spaghetti abgießen und abtropfen lassen. Dann zum Auskühlen am besten auf eine Marmorplatte legen.

Während die Spaghetti garen, für die Sauce die Shiitake-Pilze putzen und in Streifen schneiden. Die Schalotten abziehen und ebenfalls in Streifen schneiden. Die Petersilie waschen, trockenschütteln und die Blättchen in feine Streifen schneiden. Die Tomate mit kochendem Wasser überbrühen und abziehen. Die Tomate vierteln, Stielansatz und Kerne entfernen und das Fruchtfleisch in kleine Würfel schneiden.

Das restliche Olivenöl erhitzen und die Schalotten darin bei schwacher Hitze glasig braten. Die Shiitake-Pilze dazu-

geben und mitbraten, bis die Flüssigkeit, die sich dabei bildet, fast vollständig verdampft ist.

Den Weißwein angießen und auf die Hälfte reduzieren lassen. Die Sojasauce und die Sahne hinzufügen. Die Knoblauchzehen abziehen und in die Sauce pressen. Die Sauce cremig einkochen lassen.

Die Petersilie und die Tomatenwürfel unterrühren. Die Sauce nochmals erwärmen, die Spaghetti unterrühren und in der Sauce erhitzen.

Variante
Die Sauce schmeckt auch mit Steinpilzen, Champignons oder Egerlingen.

❖ Besonders fein: Kalbsmedaillons oder Rinderfiletstücke anbraten und dazu servieren.

Zubereitungszeit | 4 5 M i n u t e n | **Schwierigkeitsgrad** | ✳

Sesam-Gurken-Tagliatelle mit gebackenen Jakobsmuscheln

Für 4 Personen

2 Salatgurken
Salz
Saft von 1 Zitrone
2 EL Tahina (Sesampaste)
3 EL Crème fraîche
1 EL helle Sojasauce
100 g helle Sesamsamen
12 Jakobsmuscheln
(ohne Coraille)
150 g Mie de pain
(Brotbrösel)
2 EL Olivenöl
1 TL Reisessig
Pfeffer
1 TL Zucker
nach Belieben einige
Salatblätter zum Garnieren

Für die Sesam-Gurken-Tagliatelle die beiden Gurken schälen, halbieren und die Kerne entfernen. Dann die Gurkenhälften mit einem Sparschäler in feine Streifen hobeln. Diese Gurkentagliatelle in eine Schüssel geben, mit etwas Salz vermengen und einige Minuten ziehen lassen.

Inzwischen für die Sauce die Zitrone auspressen. Tahina mit Crème fraîche, Sojasauce und der Hälfte des Zitronensafts verrühren und beiseite stellen.

Die Sesamsamen in einer Pfanne ohne Fett goldgelb rösten, dann unter die Sauce rühren. Die Sauce mit dem Stabmixer aufschäumen. Die Gurkentagliatelle ausdrücken, mit der Sauce vermengen und über dem warmen Wasserbad erwärmen.

Die Jakobsmuscheln putzen, abbrausen, längs halbieren und mit dem restlichen Zitronensaft beträufeln.

Das Mie de pain in einen Teller sieben und die Jakobsmuscheln mit der Schnittfläche hineindrücken.

Das Olivenöl in einer Pfanne erhitzen und die Jakobsmuscheln darin bei schwacher bis mittlerer Hitze auf der panierten Seite hellbraun braten. Dann herausnehmen und auf Küchenpapier kurz abtropfen lassen.

Die Gurkentagliatelle mit Reisessig, Salz, Pfeffer und Zucker abschmecken, auf Tellern anrichten, nach Belieben mit Salatblättern garnieren und die Muscheln mit der gebratenen Seite nach oben darauf anrichten.

Zubereitungszeit | 4 0 Minuten | **Schwierigkeitsgrad** | ✳ ✳

Knackige Radicchioblätter setzen farbige Akzente.

Speckbirnen: Beim Trocknen schrumpfen sie auf einen Bruchteil ihrer ursprünglichen Größe.

Geben beim Gratinieren einen feinen Geschmack: geriebener Parmesan und Butterflöckchen.

Löwenzahngnocchi mit Ziegenfrischkäse

Für 4 Personen

200 g Kartoffeln
Salz
200 g frischer Löwenzahn
4–5 getrocknete Speck-
birnen
1 Ei
125 g Ziegenfrischkäse
40 g Butter
4–5 EL Hartweizengrieß
Pfeffer
20 g frisch geriebener
Parmesan

Die Kartoffeln waschen und in wenig Wasser 20 bis 30 Minuten kochen. Dann abgießen, kalt abschrecken und kurz ausdampfen lassen. Die Kartoffeln pellen und mit einer Gabel zerdrücken.

Während die Kartoffeln garen, reichlich Salzwasser zum Kochen bringen, den Löwenzahn waschen und in dem kochenden Wasser kurz blanchieren, dann abgießen, eiskalt abschrecken und abtropfen lassen.

Die getrockneten Birnen fein hacken (Sie brauchen 3 Esslöffel gehackte Birnen). Den erkalteten Löwenzahn aus-drücken und mit einem scharfen Messer fein zerkleinern.

Kartoffeln und Löwenzahn mit Ei, Frisch-käse, 20 Gramm Butter, Grieß sowie den Birnen vermischen, mit Salz und Pfeffer abschmecken. Die Masse völlig auskühlen lassen. Den Backofen auf 200 °C (Umluft 180 °C, Gas Stufe 3–4) vorheizen.

Salzwasser in einem Topf erhitzen. Von der Kartoffelmasse mit einem kleinen Löffel Gnocchi abstechen und diese in das siedende Wasser geben. Die Gnocchi darin garen, bis sie an die Oberfläche steigen, dann sind sie gar.

Die Gnocchi mit einem Schaumlöffel herausheben, abtropfen lassen und in eine feuerfeste Form geben. Die Gnocchi mit 20 Gramm Butter in Flöck-chen belegen, mit dem Parmesan bestreuen und im heißen Backofen auf der oberen Schiene etwa 10 Minuten gratinieren.

Variante

Grüner und zarter im Geschmack werden die Gnocchi, wenn Sie den Löwenzahn durch Spinat ersetzen.

❖ Sie können für dieses Rezept auch Kartoffeln vom Vortag nehmen.

❖ Harte Birnen einige Stunden in Wasser oder Birnensaft einweichen.

Zubereitungszeit | 6 0 M i n u t e n | **Schwierigkeitsgrad** | ✳ ✳

Weiße Spargelspaghetti mit Möhren und Sesambutter
an Kalbsbriesröschen im Kokosmantel

Für 4 Personen

500 g weißer Spargel
Salz
Zucker
4 große Möhren
200 g Kalbsbries
100 g Kokosflocken
50 g helle Sesamsamen
4 EL Mirin
50 g Butter
2 EL helle Sojasauce
2 EL Öl
Kerbelblättchen zum
Garnieren

Den Spargel waschen, schälen und die Enden abschneiden. Schalen und Enden mit Wasser bedeckt zum Kochen bringen und 10 bis 15 Minuten kochen lassen. Den Sud passieren und zum Kochen für den Spargel verwenden.

Je eine Prise Salz und Zucker in den Spargelfond geben und die Spargelstangen darin etwa 6 Minuten kochen lassen. Dann herausnehmen und abkühlen lassen.

Die Möhren schälen und in feine Stifte schneiden. Das Kalbsbries in etwa 1 Zentimeter große Stücke zupfen und in den Kokosflocken wälzen. Den Sesam ohne Fett hellgelb rösten, dann beiseite stellen. Den erkalteten Spargel mit einem langen Messer in lange, sehr feine Streifen schneiden.

Für die Sauce Mirin, Butter und Sojasauce zum Kochen bringen. Den Sesam und die Möhrenstifte unterrühren und das Ganze 3 bis 4 Minuten bei schwacher Hitze leise kochen lassen.

Die Spargelspaghetti dazugeben und alles nochmals zum Kochen bringen.

Das Öl erhitzen und die Kalbsbriesröschen darin bei schwacher bis mittlerer Hitze rundum braten, herausnehmen und auf Küchenpapier abtropfen lassen.

Die Spargelspaghetti auf tiefe Teller verteilen, die Kalbsbriesröschen darauf anrichten und mit den Kerbelblättchen garnieren.

 Die Spargelspaghetti schmecken besonders kräftig, wenn der Spargel, wie im Rezept beschrieben, in Spargelsud und nicht in Wasser gegart wird.

❖ Man kann dieses Gericht auch kalt oder lauwarm servieren, dann sollten Sie aber anstelle der Butter Olivenöl für die Sauce nehmen, weil die Butter beim Erkalten Flöckchen bildet.

Zubereitungszeit | 6 0 M i n u t e n | **Schwierigkeitsgrad** | ✳ ✳

Spargel: königliches Gemüse in neuer Geschmackskomposition.

Seafood: Power aus dem Meer

Leicht bekömmlich und wunderbar vielseitig – das ist **Seafood**. Doch die Freude ist schnell getrübt, wenn nicht Top-Ware auf den Teller kommt. Deshalb heißt es mit Bedacht wählen und einkaufen.

Kaufen Sie frische Fische oder Meeresfrüchte nur dort, wo Sie sicher sein können, dass Sie auch wirklich erstklassige Ware erhalten. Ist das nicht gewährleistet, greifen Sie besser auf Tiefkühlware zurück, denn diese wird unmittelbar nach dem Fang eingefroren.
Frischen Fisch erkennen Sie an seinen glänzenden, festen Schuppen, die mit einer dünnen, klaren Schleimschicht überzogen sind. Seine Augen sind klar und deutlich gewölbt, die Kiemen leuchtend rot. Frischer Meeresfisch duftet angenehm nach Meerwasser und riecht nicht nach Fisch.
Fische (auch Filets) vor der Zubereitung unter fließendem kaltem Wasser kurz abbrausen und trockentupfen. Eventuell vorhandene Gräten mit einer Pinzette entfernen.

Das Fleisch von Fischen und Meeresfrüchten – das ist ausreichend bekannt – kann viel für unser **Wohlbefinden** tun. Zwei- bis dreimal in der Woche sollten Sie davon essen, denn dann bekommt Ihr Organismus genügend Jod und das ist wichtig für eine reibungslose Funktion der Schilddrüse, die wiederum viele Stoffwechselvorgänge steuert. Fische und Meeresfrüchte sind leicht bekömmlich und verdaulich. Das liegt zum einen an ihrem relativ geringen Gehalt an Fett, aber auch am niedrigen Anteil an Bindegewebe im Fleisch. Zahlreiche Untersuchungen haben belegt, dass die im Fisch enthaltenen mehrfach ungesättigten **Fettsäuren** einen besonders hohen gesundheitlichen Wert haben. Sie wirken vorbeugend gegen Arteriosklerose, Herzinfarkt oder Schlaganfall und beeinflussen den Cholesterinspiegel günstig. Auch mit zahlreichen Vitaminen kann Fisch aufwarten: Der Cocktail umfasst die Vitamine A, D, E, B_6 und B_{12}.

Auch für **Muscheln** gilt: Je frischer sie sind, desto besser. Beachten Sie deshalb folgende Punkte:
• Rohe Muscheln müssen immer geschlossen sein, geöffnete Muscheln wegwerfen.
• Beim Garen müssen sich die Muscheln öffnen. Nach dem Garen noch geschlossene Muscheln sind ungenießbar!
• Muscheln müssen unbedingt frisch verzehrt werden.
• In den Monaten mit »r« ist Muschelzeit. Auch wenn uns heute der Handel eines Besseren belehren will – diese zeitliche Begrenzung macht durchaus Sinn, denn Muscheln verderben leicht.

Alle Muschelarten vor der Zubereitung in klarem Wasser waschen und mit einer Bürste kräftig sauber schrubben.

Austern am besten mit einem Austernmesser und einem speziellen Handschuh öffnen und das Fleisch aus der Schale lösen. Mit einem Spritzer Zitronensaft können Sie die Frische testen: Eine frische Auster zuckt, wenn man sie damit beträufelt.

Jakobsmuscheln schmecken am besten zwischen November und März, der offiziellen Fangzeit in Europa. In dieser Zeit hat der orangerote Rogensack (Corail) ein besonders gutes Aroma. Jakobs- oder Pilgermuscheln besitzen ein zartes, cremig-weißes Fleisch mit feinem Biss. Den Bart und alle dunklen Teile müssen Sie entfernen.

Miesmuscheln sind die am häufigsten verzehrten Muscheln und werden heute in so genannten Muschelgärten gezüchtet. Ihr schmackhaftes Fleisch ist reich an Eiweiß, Mineralsalzen und Eisen sowie den Vitaminen A, B, C und D.

Spinat mit Mungobohnen in Ginsengschaum mit warmen Austern

Für 4 Personen

12 Austern (Belon oo)
100 g frischer Spinat
50 g Mungobohnen-
sprossen
2 Schalotten
20 g Butter
3 EL trockener Weißwein
Salz, Pfeffer
1 Beutel Ginsengtee
2 EL geschlagene Sahne

Die Austern mit einem Austernmesser öffnen (siehe Tipps). Das Austernfleisch lösen, den Schaleninhalt in ein Sieb gießen, das Austernwasser dabei auffangen. Die unteren Schalenhälften waschen, trocknen und je 4 auf einen Teller legen.

Spinat putzen, mit den Mungobohnen-sprossen waschen und abtropfen lassen. Die Schalotten abziehen und fein würfeln. 10 Gramm Butter erhitzen, die Schalotten darin glasig braten. Spinat und Mungobohnensprossen zugeben und bei mittlerer Hitze in etwa 5 Minuten zerfallen lassen. Dann mit der Hälfte des Weißweins ablöschen. Mit Salz und Pfeffer würzen und beiseite stellen.

200 Milliliter Wasser zum Kochen bringen. Den Ginsengtee damit übergießen und 5 Minuten ziehen lassen. Spinat und Mungobohnen in ein Sieb geben, den Sud auffangen und mit dem Tee vermischen. Das Gemüse warm stellen. Die Flüssigkeit zum Kochen bringen und bei mittlerer Hitze auf die Hälfte reduzieren, dann den restlichen Weißwein angießen. Alles noch 5 Minuten kochen lassen.

10 Gramm Butter und die geschlagene Sahne sowie das Austernwasser dazugeben. Wenn die Sauce schön cremig ist, den Topf vom Herd nehmen.

Die Austern in die heiße Sauce geben. Spinat und Sprossen in die Austern-schalen verteilen und die Austern darauf setzen. Die Sauce mit einem Stabmixer nochmals kurz aufschäumen und über die Austern träufeln.

Varianten
Den Backofen auf 180 °C (Umluft 160 °C, Gas Stufe 2–3) vorheizen. Die Sauce mit 1 Eigelb legieren, über die Austern geben und diese im heißen Ofen auf der obersten Schiene in etwa 10 Minuten goldgelb gratinieren.

Die Austern in Semmelbröseln wälzen. Butter oder Öl in einer Pfanne erhitzen, die Austern darin goldgelb ausbacken, auf dem Gemüse anrichten und mit der Sauce beträufeln.

❖ Für dieses Gericht eignen sich Belon-Austern am besten, denn sie sind besonders leicht zu öffnen.

❖ Seien Sie vorsichtig beim Öffnen der Austern. Nehmen Sie einen speziellen Handschuh oder ein dickes Küchentuch. Stechen Sie mit einem Austernmesser in den Schließmuskel der Auster hinein und ziehen Sie das Austernmesser langsam nach vorn durch.

❖ Wenn die Sauce durch den Ginseng etwas zu bitter geworden ist, kann man sie mit etwas Zucker milder machen.

Zubereitungszeit | 5 o M i n u t e n | **Schwierigkeitsgrad** | ❄ ❄

Klein und fein: Vongole oder Venusmuscheln.

Artischocken: Für dieses Rezept geben sie ihr Bestes.

Gebratene Heilbuttscheiben auf Ragout von Mispeln und Artischocken

Für 4 Personen

800 g Heilbuttfilet

400 g Artischocken

Saft von 1 Zitrone

400 g Mispeln

200 g Petersilienwurzel

300 g Venusmuscheln

1 Zwiebel

1 Knoblauchzehe

100 g Sellerieknolle

6 EL Olivenöl

4 EL Weißwein

100 g Möhre

100 g Porree

1 Bund Koriander

2 EL Sojasauce

Die Heilbuttfilets kalt abbrausen, trockentupfen, in Scheiben schneiden und kalt stellen.

Von den Artischocken die Blätter entfernen und das Heu mit einem spitzen Löffel herauslösen. Zitronensaft mit 500 Milliliter Wasser vermengen. Die Artischockenböden hineinlegen, damit sie sich nicht braun verfärben. Die Mispeln schälen, vom Kern befreien und zu den Artischocken geben.

Die Petersilienwurzel putzen, schälen und in bleistiftstarke Streifen schneiden. 1 Esslöffel davon abnehmen und klein würfeln.

Die Muscheln waschen und gründlich abbürsten. Zwiebel und Knoblauch abziehen, den Sellerie schälen und alles in Würfel schneiden.

2 Esslöffel Olivenöl in einem Topf erhitzen, Zwiebel und Knoblauch darin glasig braten. Die Hälfte vom Sellerie und die Petersilienwurzelstreifen hinzufügen und kurz mitbraten, dann die

Muscheln und den Weißwein dazugeben. Alles zugedeckt etwa 10 Minuten bei schwacher Hitze garen, bis die Muscheln geöffnet sind. Den Sud von den Muscheln abpassieren.

Die Möhre schälen, den Porree längs aufschneiden und abbrausen. Beides in feine Würfel schneiden. 2 Esslöffel Olivenöl erhitzen. Die Artischocken würfeln und mit den Petersilienwurzel-, Sellerie-, Möhren- und Porreewürfeln in dem Öl bei mittlerer Hitze anbraten, dann mit dem Muschelfond ablöschen.

Den Koriander waschen und trockenschütteln. Die Blättchen abzupfen und mit der Sojasauce zu den Artischocken geben. Wenn die Artischocken fast fertig sind, die Mispeln dazugeben. Das Ganze noch einmal kurz aufkochen lassen, dann beiseite stellen.

2 Esslöffel Olivenöl in einer Pfanne erhitzen und die Heilbuttfilets darin von beiden Seiten anbraten, mit dem Mispel-Artischocken-Ragout auf vorgewärmten Tellern anrichten.

Zubereitungszeit | 5 0 M i n u t e n | **Schwierigkeitsgrad** |

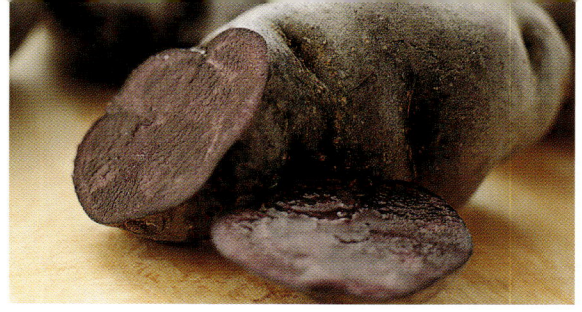

Trüffelkartoffeln: nicht nur optisch ungewöhnlich, auch geschmacklich ein Erlebnis.

Nur die feinsten Fische ergänzen sich in dieser exotischen Bouillabaisse zu einem harmonischen Ganzen.

Exotische Bouillabaisse von Edelfischen

Für 4–6 Personen

500 g Venus- oder
Herzmuscheln
500 g Miesmuscheln
1 Zwiebel
1 Stange Porree
2 EL Olivenöl
100 ml Weißwein
12 kleine Trüffelkartoffeln
1 Möhre
200 g Sellerieknolle
1 Fenchelknolle
100 g frischer Ingwer
1 Bund Thaibasilikum
je 4 Filets von Loup de mer
und Seeteufel (à 60 g)
100 g Lachsfilet
2 Babylangusten oder
Hummerschwänze
4 Kaffir-Zitronenblätter
1 g Safranfäden

Die Muscheln gründlich waschen und abbürsten. Die Zwiebel abziehen und würfeln. Den Porree putzen, längs halbieren, waschen und eine Hälfte grob zerkleinern.

Das Olivenöl in einem Topf erhitzen, den zerkleinerten Porree und die Zwiebel darin glasig braten. Die Muscheln dazugeben und 5 Minuten mitdünsten. Dann den Weißwein angießen und mit der gleichen Menge Wasser auffüllen. Alles zugedeckt bei schwacher Hitze kochen lassen, bis die Muscheln geöffnet sind, das dauert etwa 5 Minuten, die Muscheln dann beiseite stellen, noch geschlossene Muscheln entfernen.

Die Kartoffeln waschen, mit wenig Wasser zum Kochen bringen und in etwa 20 Minuten weich garen, dann abgießen, kalt abschrecken und pellen.

Während die Kartoffeln garen, Möhre und Sellerie schälen, Fenchel putzen und waschen, alles in feine Streifen schneiden. Den Ingwer schälen, halbieren und leicht flach drücken. Das Basilikum waschen und trockenschütteln.

Die Fischfilets kurz abbrausen, trockentupfen und mit den Babylangusten oder Hummerschwänzen in einen großen Topf geben. Kaffir-Zitronenblätter, Gemüsestreifen und Ingwer dazugeben, den Muschelfond durch ein Sieb dazugießen und alles langsam erhitzen, aber nicht kochen lassen. Den Fisch 5 Minuten in der Brühe ziehen lassen.

Die Safranfäden in der Brühe auflösen. Einige Muscheln aus den Schalen lösen, in den Fond geben. Zum Schluss die Thaibasilikumblättchen unterrühren. Die Kartoffeln in den Fond geben und erhitzen.

Variante
Traditionell: Garen Sie 2 Tomaten und 4 Knoblauchzehen mit und reichen Sie geröstetes Weißbrot und eine Knoblauch-Safran-Mayonnaise dazu.

❖ Für eine klare Suppe machen Sie den Ansatz mit kaltem Muschelfond.

Zubereitungszeit | 6 0 M i n u t e n | **Schwierigkeitsgrad** | ✳ ✳

Filet vom St. Petersfisch im Reiskleid mit Spinat
auf Ingwer-Pesto-Sauce

Für 4 Personen

je 1 rote und gelbe
Paprikaschote
1 Bund Frühlingszwiebeln
2 cm frischer Ingwer
3 Knoblauchzehen
100 g frische Sojasprossen
Salz
10 Spinatblätter
20 g Butter
2 EL Sojasauce
1/8 l Weißwein
4 EL Olivenöl
4 Filets vom St. Petersfisch
à 150–200 g
Pfeffer
4 Blätter Reispapier
1 Chilischote
1 EL Pesto
4 EL Sahne
1 TL Fünf-Gewürz-Pulver

Die Paprikaschoten waschen, putzen und in feine Streifen schneiden. Die Frühlingszwiebeln waschen, putzen und in Würfel schneiden. Ingwer schälen und hacken, Knoblauch abziehen und ebenfalls hacken. Die Sojasprossen abbrausen und abtropfen lassen. Salzwasser erhitzen, die Spinatblätter darin blanchieren, herausnehmen, kalt abschrecken und abtropfen lassen.

Die Butter in einer Pfanne erhitzen, Paprika- und Frühlingszwiebelwürfel sowie Ingwer und Knoblauch darin etwa 5 Minuten braten, dann mit Sojasauce und Weißwein ablöschen. Das Gemüse in ein Sieb schütten, den Sud dabei auffangen, in einen Topf geben und beiseite stellen.

2 Esslöffel Olivenöl in einer Pfanne erhitzen. Die Fischfilets darin kurz von beiden Seiten anbraten, dann aus der Pfanne nehmen, salzen, pfeffern und beiseite stellen. Den Backofen auf 180 °C (Umluft 160 °C, Gas Stufe 3) vorheizen.

Die Reispapierblätter je 1 Minute in kaltes Wasser tauchen, dann auf Küchenpapier abtropfen lassen. Zuerst die Spinatblätter, dann die Fischfilets darauf legen, die Reispapierblätter einschlagen.

2 Esslöffel Öl in der Pfanne erhitzen, die Päckchen darin von beiden Seiten anbraten, dann im Backofen in etwa 10 Minuten fertig braten.

Inzwischen für die Sauce die Chilischote waschen, putzen und fein zerkleinern. Gemüsesud mit Pesto, Chilischote und Sahne aufkochen und leicht reduzieren, mit Fünf-Gewürz-Pulver abschmecken. Das Gemüse mit den Sprossen erhitzen und auf Teller verteilen, die Fischpäckchen darauf anrichten und mit der Sauce umgießen.

Zubereitungszeit | 60 M i n u t e n | **Schwierigkeitsgrad** | ❋ ❋

Achten Sie bei getrockneten Knoblauchknollen auf gute Qualität.

Die Sauce mit einem Löffel oder einem Schneebesen cremig aufschlagen.

Basilikum mit seiner pfeffrig-süßlichen Note gibt dem Gemüse Pfiff.

Babylangustenschwänze im japanischen Mie de pain
mit Sake-Gemüse

Für 4 Personen

100 g japanische
Reiskräcker
1 Bund Basilikum
4 Babylangustenschwänze
in der Schale
4 EL Sojasauce
2 EL Öl
100 g kleine Maiskolben
100 g Sojasprossen
100 g Zuckerschoten
50 g Ingwer
160 g Sahne
1 EL Austernsauce

Die japanischen Reiskräcker in einen
Mörser geben und zu Bröseln zerstoßen
oder in einem Blitzhacker fein zerkleinern. Das Basilikum waschen, trockenschütteln und die Blättchen in feine
Streifen schneiden.

Die Babylangustenschwänze der Länge
nach halbieren, in 2 Esslöffel Sojasauce
wenden. Dann die Langustenschwänze
mit der Schnittseite in die Reiskräcker-
brösel tauchen. Den Backofen auf 80 °C
(Umluft 60 °C, Gas Stufe 1) vorheizen.

1 Esslöffel Öl in einer Pfanne erhitzen.
Die Babylangustenschwänze darin auf
der Schnittseite goldbraun braten, dann
herausnehmen und warm stellen.

Maiskölbchen und Sojasprossen
waschen. Die Zuckerschoten waschen
und putzen. Das Gemüse abtropfen
lassen. Den Ingwer schälen und fein
hacken.

1 Esslöffel Öl erhitzen, das Gemüse und
den Ingwer darin leicht anschwitzen,
mit Sahne und 2 Esslöffel Sojasauce
ablöschen, die Austernsauce ebenfalls
angießen, das Gemüse aus der Sauce
nehmen. Das Basilikum in die Sauce
geben.

Die Sauce etwas einkochen lassen, mit
einem Stabmixer aufschäumen. Das
Gemüse wieder in die Sauce legen und
mit den Langusten auf vorgewärmten
Tellern anrichten.

❖ Lösen Sie das Fleisch der Langustenschwänze nach dem Braten mit
einem Löffel von der Karkasse.

Zubereitungszeit | 4 5   M i n u t e n | **Schwierigkeitsgrad** | ❋

Zitronengras erhalten Sie frisch oder tiefgefroren im Asienladen.

Rotes Thaicurry mit Seeteufelmedaillons und Bambussprossen

Für 4 Personen

8 Seeteufelmedaillons
à 70 g
2 EL Olivenöl
50 g frischer Ingwer
50 g Knoblauch
2 EL Weißwein
1 EL rote Currypaste
400 ml Kokosmilch
(aus der Dose)
2 Stängel Zitronengras
1 EL Sojasauce
1 EL Austernsauce
1 rote Paprikaschote
50 g Bambussprossen
(aus dem Glas)
1 Bund Schnittlauch
1 Bund Thaibasilikum

Die Seeteufelmedaillons kurz abbrausen und trockentupfen. Das Olivenöl in einer Pfanne erhitzen und die Medaillons darin bei schwacher Hitze sanft anbraten, sie sollen nicht viel Farbe bekommen. Die fertigen Medaillons aus der Pfanne nehmen und zugedeckt beiseite stellen.

Den Ingwer schälen und fein hacken. Den Knoblauch abziehen und durchpressen. Ingwer und Knoblauch in dem Öl glasig braten, mit Weißwein ablöschen. Jetzt die Currypaste dazugeben und mit Kokosmilch auffüllen. Die Sauce etwa 5 Minuten kochen lassen.

Die Enden der Zitronengrasstängel mit einem Messerrücken anklopfen, das Zitronengras in Streifen schneiden, mit Soja- und Austernsauce in die Currysauce rühren und alles weitere 10 Minuten kochen lassen.

Inzwischen die Paprikaschote waschen, putzen und in Streifen schneiden. Die Bambussprossen abtropfen lassen.

Die Sauce durch ein Sieb passieren, Paprikastreifen und Bambussprossen unterrühren.

Die Fischfilets in die Sauce setzen und darin etwa 5 Minuten erhitzen. Schnittlauch und Thaibasilikum waschen, trockenschütteln und in feine Röllchen bzw. Streifen schneiden.

Die Fischmedaillons mit der Sauce in vorgewärmten Tellern anrichten, mit Schnittlauch und Basilikum bestreut servieren.

❖ Die Sauce bekommt mehr Volumen, wenn Sie sie nach dem Passieren mit einem Stabmixer aufschäumen.

❖ Wer mag, gibt zum Schluss ein Sahnehäubchen obendrauf.

Zubereitungszeit | 4 0 M i n u t e n | **Schwierigkeitsgrad** |

Auch unbehandelte Zitronen vor dem Reiben heiß abwaschen.

Eine ungewöhnliche Geschmacksverbindung: Lachs und Zimt.

Gebeizter Lachs mit Zimtparfum

Für 4 Personen

500 g Lachsfilet
100 g Zitronengras
1/2 unbehandelte Zitrone
1/2 unbehandelte Orange
1/2 TL Zimt
100 g Zucker
50 g grobes Meersalz
1 Bund Koriander
1 Bund Petersilie
1 TL Nelkenpulver
1 TL weiße Pfefferkörner
4 EL Olivenöl

Den Lachs kurz unter kaltem Wasser abbrausen und trockentupfen. Das Zitronengras waschen, abtrocknen und fein zerkleinern. Zitrone und Orange waschen und abtrocknen, die Schalen fein abreiben. Die Hälfte vom Zitronengras mit den Zitrusschalen, Zimt, Zucker und Salz vermischen, das Lachsfilet damit bestreichen. Den Lachs mit Klarsichtfolie abdecken und im Kühlschrank **12 Stunden marinieren**.

Die Masse von dem Lachsfilet abstreichen und das Filet mit einem feuchten Tuch abtupfen.

Koriander und Petersilie waschen, trockenschütteln und die Blättchen fein zerkleinern. Mit dem Nelkenpulver und dem restlichen Zitronengras in Mörser oder Blitzhacker zu einer Paste verarbeiten. Die Pfefferkörner und das Öl zugeben und alles nochmals pürieren. Den Lachs mit dieser Paste bestreichen.

Den Lachs wieder fest in Klarsichtfolie einschlagen und **2 bis 3 Stunden kalt stellen**.

Den Lachs aus dem Kühlschrank nehmen, auf eine Platte oder ein Brett legen, mit einem scharfen Messer in sehr feine Scheiben schneiden, auf einer Platte anrichten und servieren.

Zubereitungszeit | 2 0 Minuten | **Schwierigkeitsgrad** | ✳

Riesengarnelen in Hummer-Kokos-Bisque

Für 4 Personen

8 Riesengarnelen,
roh, mit Kopf
1 Zwiebel
1 Stange Porree
1 Knolle Sellerie
2 Tomaten
2 EL Öl
4 EL Weißwein
470 ml Kokosmilch
(aus der Dose)
2 EL Sojasauce
2 Stängel Zitronengras
10 g frischer Ingwer
1 rote Paprikaschote
1 Knoblauchzehe
1 EL Hummerbutter
2 EL Austernsauce

Die Garnelen waschen, die Köpfe abtrennen und die Schalen, bis auf das letzte Segment, entfernen. Die Garnelen kalt stellen.

Die Zwiebel abziehen und in Würfel schneiden. Den Porree längs halbieren, gründlich abbrausen und quer in Streifen schneiden. Den Sellerie schälen und würfeln. Die Tomaten mit kochendem Wasser überbrühen, häuten und halbieren, dabei Stielansätze und Kerne entfernen. Die Tomatenhälften in Würfel schneiden.

Das Öl erhitzen. Garnelenköpfe und -schalen darin anbraten, dann das Wurzelgemüse dazugeben und mitrösten. Mit Weißwein ablöschen und die Tomatenwürfel dazugeben.

Alles so lange kochen lassen, bis der Boden des Topfes fast trocken ist. Nun Kokosmilch und Sojasauce dazugeben.

Die Enden vom Zitronengras mit einem Messerrücken anklopfen. Das Zitronengras zerkleinern und in die Sauce geben. Den Ingwer schälen und fein reiben, ebenfalls in die Sauce rühren. Die Sauce bei schwacher Hitze etwa 20 Minuten ziehen lassen.

Inzwischen die Paprikaschote mit einem Sparschäler schälen, halbieren, die Kerne und Trennwände entfernen und die Schotenhälften in sehr feine Streifen schneiden. Die Knoblauchzehe abziehen und leicht anpressen.

Die Hummerbutter in einem Topf zerlassen, den Knoblauch zugeben und die Garnelen darin von beiden Seiten anbraten.

Die Sauce abpassieren, die Garnelen hineingeben. Paprikastreifen und Austernsauce unterrühren und die Sauce noch etwa 5 Minuten ziehen lassen.

Zubereitungszeit | 6 0 M i n u t e n | **Schwierigkeitsgrad** | ✳

Die Karkassen der Riesengarnelen ergeben einen feinen Fond.

Sojasauce ersetzt in der asiatischen Küche das Salz.

Langostinos im Wan-Tan-Blatt mit Porree und Chicoréesalat

Für 4 Personen

10 Langostinos, roh,
ohne Kopf
20 g frischer Ingwer
5 EL Sojasauce
1 Stange Porree (mit Grün)
1 Bund Koriander
10 Wan-Tan-Blätter
2 Stauden Chicorée
750 ml Öl zum Frittieren
Mehl
6 EL Olivenöl
4 EL Aceto balsamico
bianco

Die Langostinos ausbrechen. Den Ingwer schälen und fein reiben. 1 Esslöffel Sojasauce mit dem Ingwer verrühren und die ausgelösten Langustenschwänze darin zugedeckt etwa **60 Minuten** im Kühlschrank **marinieren.**

Den Porree längs aufschneiden, waschen und trockenschütteln. Die Porreestange in etwa 10 Zentimeter lange Stücke schneiden, diese längs in feine Streifen teilen, das geht am besten mit einem großen scharfen Gemüsemesser.

Den Koriander waschen, trockenschütteln und die Blättchen abzupfen. Die Wan-Tan-Blätter auf einem Tuch ausbreiten. Die Blätter mit den Langustenschwänzen, einigen Porreestreifen (die restlichen beiseite stellen) und einigen Korianderblättchen belegen.

Die Teigblätter mit trockenen Fingern aufrollen, die Teigenden mit Wasser bestreichen und »festkleben«. Die Päckchen beiseite stellen.

Den Chicorée waschen, putzen und abtropfen lassen. Die Stauden halbieren, den Strunk entfernen und einige Blätter zum Anrichten beiseite legen. Die restlichen Blätter quer in feine Streifen schneiden. Die Streifen in Eiswasser legen.

Das Öl in einer Fritteuse auf mittlerer Stufe erhitzen. Die restlichen Porreestreifen mit wenig Mehl bestäuben und in dem heißen Öl knusprig frittieren.

Den Chicorée abtropfen lassen. 4 Esslöffel Olivenöl, Essig, 4 Esslöffel Sojasauce und restlichen Koriander verrühren. Die Chicoréestreifen mit diesem Dressing marinieren und in der Mitte von bereitgestellten Tellern anrichten.

2 Esslöffel Olivenöl in einer Pfanne erhitzen. Die Wan-Tan-Päckchen darin rundum knusprig braten und mit den beiseite gestellten Chicoréeblättern um den Salat herum anrichten. Das frittierte Porreeheu darauf verteilen.

Zubereitungszeit | 6 o M i n u t e n | **Schwierigkeitsgrad** | ❊ ❊

Koriander erkennen Sie an seinen fein gefiederten Blättchen, die ähnlich aussehen wie die von glatter Petersilie.

Fleisch: wichtiger Eiweißlieferant

Fleisch ist ein **Grundnahrungsmittel** und hat in den Küchen der Welt schon seit Menschengedenken seinen Stammplatz. Vor allem als Eiweißlieferant spielt Fleisch in unserer Ernährung eine große Rolle. Mit der Veränderung unserer Lebensgewohnheiten und Arbeitsbedingungen hat eine fettarme, eiweiß- und ballaststoffreiche Ernährung zunehmend an Bedeutung gewonnen. Für unseren Fleischkonsum bedeutet dies: Wenig, aber ausgewählte, magere Stücke bevorzugen und mit reichlich Gemüse, Reis, Nudeln oder Kartoffeln kombinieren.
Deshalb verwende ich gern Filet oder Lendenstücke von Kalb, Rind, Lamm oder Reh, aber auch Hähnchen- und Entenbrust, die ich mit asiatischen Aromen kombiniere.

Wenn die jüngsten Skandale Sie verunsichert haben, kaufen Sie **Biofleisch**. Es ist zwar etwas teurer, aber qualitativ besser. Dafür muss man nicht mehr unbedingt weite Wege auf sich nehmen, denn Biofleisch führt heute auch schon der gut sortierte Supermarkt.

Egal, welches Fleischstück Sie zubereiten, zuerst sollten Sie es sorgfältig **von Haut, Sehnen** und **Fett befreien** und – je nach Rezept – in Form schneiden.

Für manche Zubereitungen müssen Sie das Fleisch in hauchdünne Scheiben schneiden, weil es beispielsweise nur kurz in heißer Flüssigkeit **pochiert** wird. In diesem Fall das Fleisch für etwa 60 Minuten ins Gefrierfach legen. Anschließend lässt es sich ohne Mühe sehr fein zerteilen.

Schneiden Sie Fleisch immer **quer zur Faser**. Kleine Fleischstücke wie Medaillons mit dem Handballen oder einem Plattiereisen etwas flach drücken, dann aber wieder rund formen und eventuell mit einem Küchenzwirn in Form binden.

Zum Garen im **Schweinenetz** das Schweinenetz (unbedingt vorbestellen) 24 Stunden in kaltes Wasser legen, dabei das Wasser immer wieder erneuern. Das Schweinenetz in passende Stücke schneiden und auf ein Tuch legen. Die Fleischstücke auf das Schweinenetz legen und darin einschlagen. Wie im Rezept beschrieben garen.

Geflügelfleisch ist besonders zart und leicht bekömmlich. Eine Delikatesse ist das Fleisch von Perlhuhn, Maispoularde und Stubenküken.
Zur besseren Orientierung für den Verbraucher wird Geflügelfleisch in drei Handels- oder Qualitätsklassen unterteilt.
A: beste Qualität. Das Geflügel ist einwandfrei gerupft, weist weder Verletzungen noch Verfärbungen auf.
B: gesundes Geflügel mit geringen Verletzungen wie Hautrissen und ungleichmäßigem Fettansatz.
C: kommt nicht in den Handel, sondern wird industriell verarbeitet.
Wie hoch der **Qualitätsanspruch** ist, zeigt die Tatsache, dass nahezu 90 Prozent des unzerteilten Geflügels zur Handelsklasse A gehört.
Als **Stubenküken** werden Hähnchen mit einem Gewicht bis zu höchstens 700 Gramm bezeichnet.

Das Futter hat einen großen Einfluss auf Geschmack, Qualität und Farbe des Fleisches. **Maispoularden** werden fast ausschließlich mit Maiskörnern gefüttert und haben ein besonders wohlschmeckendes, würziges, intensiv gelbes Fleisch.

Geflügel und Fleisch sollten Sie vor der Zubereitung immer mit kaltem Wasser **abwaschen** (ganzes Geflügel innen und außen) und trockentupfen. Ganzes Geflügel und große Fleischstücke vor der Zubereitung mit **Salz und Pfeffer** würzen, kleine Fleischstücke danach, damit sie nicht trocken werden.

Die einen lieben ihn, die anderen hassen ihn:
Frischer Koriander hat einen eigenwilligen Geschmack.

Hoisinsauce: Die dickflüssige Würzsauce aus Sojabohnen, Öl,
Knoblauch und Chilischoten setzt süß-scharfe Akzente.

Schweine-Spareribs mit Koriander und Ketchup

Für 4 Personen

4 Schweinerippchen
(à ca. 400 g; beim Metzger
vorbestellen)
1 Bund Koriander
1 Knoblauchzehe
1 l Brühe
1 EL Ketchup
1 EL Hoisinsauce
1 EL Austernsauce
1 TL Sojasauce
1 EL rote Chilisauce
je 1/2 EL Knoblauch und
Ingwer, gehackt
1 EL Sambal oelek
1 TL Sesamöl
1 EL Olivenöl

Die Schweinerippchen kalt abbrausen.
Den Koriander waschen. Den Knoblauch
abziehen und halbieren. Die Rippchen
mit der Brühe, der Hälfte des Korian-
ders und dem Knoblauch zum Kochen
bringen und 5 bis 10 Minuten bei
mittlerer Hitze kochen. Dann den Topf
beiseite stellen und das Fleisch darin
erkalten lassen.

Inzwischen den Ketchup mit dem rest-
lichen Koriander, Hoisin-, Austern-,
Soja- und roter Chilisauce, gehacktem
Knoblauch und Ingwer, Sambal oelek,
Sesam- und Olivenöl in einen Rühr-
becher geben und mit einem Stabmixer
zu einer feinen Paste verarbeiten. Den
Backofen auf 180 °C (Umluft 160 °C, Gas
Stufe 2–3) vorheizen.

Die erkalteten Spareribs aus der Brühe
nehmen, trockentupfen und mit der
Paste bestreichen.

Die Spareribs auf ein Backblech oder
einen Rost legen und im heißen
Backofen auf der oberen Schiene
10 bis 15 Minuten glacieren.

Die Schweinerippchen aus dem Backofen nehmen. Die Rippchen einmal
durchschneiden und mit der restlichen
Marinade bestreichen.

Die Spareribs auf Salat oder mit Weißbrot servieren.

❖ Die Rippchen eignen sich hervorragend für eine Grillparty, da sie gut
vorbereitet werden können.

Der leicht süßliche Geschmack von Sellerie passt besonders gut zu Wild.

Interessante Aroma-Liaison: Exotische Sojasauce und bodenständiger Sellerie.

Gebratenes Rehlendchen in Preiselbeerschaum

Für 4 Personen

800 g Rehlende
1 EL gehackter Ingwer
1 EL gehackter Knoblauch
1 EL Zucker
2 EL Sojasauce
1 Zwiebel
1/4 Knolle Sellerie
3 EL Olivenöl
2 EL Sake
1/4 l Wildfond
200 g Sahne
2 EL Preiselbeerkonfitüre

Die Rehlende in 4 dicke Medaillons schneiden und mit einem Plattiereisen leicht plattieren. Die Hälfte von Ingwer und Knoblauch mit Zucker und Sojasauce verrühren, die Medaillons damit bestreichen und zugedeckt mindestens **60 Minuten kalt stellen**.

Für die Sauce die Zwiebel abziehen und fein würfeln. Den Sellerie schälen und würfeln. 1 Esslöffel Olivenöl erhitzen, Zwiebel, Sellerie, restlichen Ingwer und übrigen Knoblauch darin Farbe nehmen lassen, dann mit Sake ablöschen.

Den Sake einkochen lassen, dann den Wildfond angießen und auf die Hälfte einkochen lassen. Die Sahne hinzufügen und ebenfalls einkochen lassen, bis die Sauce eine dickflüssige Konsistenz hat.

Zum Schluss die Preiselbeeren unterrühren. Die Sauce mit dem Stabmixer pürieren und anschließend durch ein nicht zu feines Sieb passieren.

Die Rehmedaillons aus der Marinade nehmen und trockentupfen. 2 Esslöffel Öl in einer Pfanne erhitzen und die Medaillons darin von beiden Seiten in 2 bis 3 Minuten braun braten, sie sollen innen noch rosa sein. Die fertigen Medaillons aus der Pfanne nehmen und etwa 2 Minuten ruhen lassen. Die Rehmedaillons auf vorgewärmten Tellern anrichten, mit der Sauce übergießen und servieren.

❖ Besonders saftig bleibt das Fleisch, wenn Sie das Rehlendchen am Stück braten. Dann sollten Sie das Fleisch aber mindestens 2 Stunden marinieren und beim Braten darauf achten, dass es nicht zu dunkel wird.

❖ Zu dieser Sauce passen Pilze besonders gut. Dafür 250 Gramm Pilze (z. B. Steinpilze) in 20 Gramm Butter anbraten und unter die Sauce mischen.

Zubereitungszeit | 40 Minuten | Schwierigkeitsgrad | ✳

Sternanis: In seiner Heimat China ein absolutes Muss in vielen Gerichten.

Lammlendchen in Joghurt-Minz-Marinade
mit Artischocken-Kartoffeln

Für 4 Personen

800 g Lammfilet
1 Bund Minze
150 g Naturjoghurt
(1,5 % Fett)
1 EL Kurkuma (Gelbwurz)
1 EL Austernsauce
2 EL Weißwein
2 EL helle Sojasauce
4 große Kartoffeln
4 Artischockenböden
(frisch oder aus der Dose)
4 EL Öl
3 EL Sahne
2 Sternanis
2 EL Schnittlauchröllchen

Das Lammfilet waschen, trockentupfen, von Haut, Fett und Sehnen befreien und in 4 Teile schneiden.

Für die Marinade die Minze waschen und trockenschütteln, die Blättchen fein zerkleinern. Mit Joghurt, Kurkuma, Austernsauce, Weißwein und Sojasauce vermengen, die Rückenfilets darin **1 bis 2 Stunden marinieren**.

Dann den Backofen auf 180 °C (Umluft 160 °C, Gas Stufe 2–3) vorheizen. Die Kartoffeln schälen und in 1,5 Zentimeter große, gleichmäßige Würfel schneiden. Frische Artischockenböden blanchieren. Die Artischockenböden in Würfel schneiden. 2 Esslöffel Öl in einer Pfanne erhitzen, Kartoffeln und Artischocken darin braten, bis die Kartoffeln goldgelb sind.

Das Fleisch aus der Marinade nehmen, die Marinade abstreifen. 2 Esslöffel Öl in einer anderen Pfanne erhitzen, das Fleisch darin rundum anbraten, dann im Backofen in 10 Minuten fertig braten.

Für die Sauce die Sahne mit Sternanis auf 2 Esslöffel reduzieren, den Sternanis wieder entfernen und mit einem Schneebesen 3 Esslöffel von der Marinade unter die Sauce rühren.

Die heißen Artischocken-Kartoffeln mit Schnittlauch bestreuen und auf Teller geben. Das Fleisch quer zur Faser in Scheiben schneiden, daneben anrichten, die Sauce darüber geben.

Variante
Einen feinen Geschmack bekommt das Gericht, wenn Sie Kurkuma durch eine Prise Safran ersetzen.

 Wenn Sie exotische Rezepturen mögen, garen Sie das Lamm in der Joghurtmarinade!

Zubereitungszeit | 6 0 M i n u t e n | Schwierigkeitsgrad | ❊

Knusprige Gans in Honig-Soja-Marinade
mit hausgemachtem Mangochutney

Für 6–8 Personen

1 Gans (ca. 3 kg)
150 g Honig
600 ml Sojasauce
250 ml Pflanzenöl
10 g Fünf-Gewürz-Pulver
2 Mangos
1 Apfel
150 g Zwiebeln
50 g frischer Ingwer
150 g Zucker
100 ml Essig
2 rote Chilischoten
1 Zweig Minze

Die Gans innen und außen waschen und trockentupfen. Honig, Sojasauce, Pflanzenöl und Fünf-Gewürz-Pulver mit dem Schneebesen verrühren.

Die Gans mit der Brustseite in die Tunke legen und darin **12 Stunden marinieren**, dann wenden und **weitere 12 Stunden marinieren**.

Den Backofen auf 120 ºC (Umluft 100 ºC, Gas Stufe 1) vorheizen. Die Gans aus der Marinade nehmen, in einen Bräter geben und im Backofen 60 Minuten garen. Dann die Temperatur auf 160 ºC (Umluft 140 ºC, Gas Stufe 1–2) erhöhen und die Gans weitere 60 Minuten garen. Zum Schluss die Temperatur auf 180 ºC (Umluft 160 ºC, Gas Stufe 2–3) erhöhen und die Gans noch 40 Minuten bräunen.

Während die Gans gart, für das Chutney die Mangos schälen, das Fruchtfleisch am Stein entlang abschneiden und grob würfeln. Den Apfel schälen, vierteln und das Kerngehäuse entfernen, das Fruchtfleisch ebenfalls würfeln. Die Zwiebeln abziehen, halbieren und in Scheiben schneiden. Den Ingwer schälen und fein hacken oder reiben.

Mangos, Apfel und Zwiebeln mit Zucker und Essig langsam zum Kochen bringen. Die Chilischoten waschen, aufschneiden, die Kerne entfernen, das Fruchtfleisch klein schneiden und dazugeben. Alles bei schwacher Hitze kochen lassen, bis die Masse weich und leicht breiig ist.

Die Minze waschen und trockenschütteln. Die Blättchen hacken und zum Schluss unter das Chutney rühren. Das Chutney lauwarm zur Gans reichen.

❖ Als Beilage passen knusprig gebratene Rösti.

❖ Wenn Ihnen eine Gans zu groß ist, nehmen Sie eine Ente.

❖ Die Marinade können Sie mehrmals verwenden, sie hält sich im Kühlschrank 2 Wochen.

Kalbsrückenscheiben in milder Sambalsauce mit Kokosparfum

Für 4 Personen

200 g Kalbslende
1 Knoblauchzehe
2 Schalotten
10 g Ingwer
3 Tomaten
je 1 rote und grüne
Paprikaschote
20 g Butter
1 EL Sojasauce
470 ml Kokosmilch
(aus der Dose)
1 EL Sambal oelek
1 TL Austernsauce
2 EL geschlagene Sahne

Kalbslende von Sehnen, Haut und Fett befreien, in 8 sehr dünne Scheiben schneiden und diese kalt stellen.

Für die Sauce den Knoblauch und die Schalotten abziehen, den Ingwer schälen und alles in Würfel schneiden. Die Tomaten waschen, halbieren und die Stielansätze entfernen. Die Hälften in Würfel schneiden. Die Paprikaschoten waschen, halbieren und putzen. Je eine Hälfte der Schoten in feine Würfel schneiden.

10 Gramm Butter in einer Pfanne erhitzen, Knoblauch, Schalotten und Ingwer darin glasig braten. Dann die Tomaten- und die Paprikawürfel hinzufügen und etwa 5 Minuten mitbraten.

Sojasauce und Kokosmilch angießen, Sambal oelek unterrühren und die Sauce etwa 10 Minuten bei schwacher Hitze kochen lassen. Inzwischen die restlichen Paprikahälften fein würfeln.

Sobald das Gemüse weich ist, die Sauce mit einem Stabmixer fein pürieren, durch ein Sieb gießen und warm stellen. Die Paprikawürfelchen und die Austernsauce unterrühren.

10 Gramm Butter in einer Pfanne erhitzen. Die Kalbfleischscheiben darin von beiden Seiten kurz anbraten. Die Sahne unter die Sauce ziehen. Die Sauce auf vorgewärmte Teller verteilen und die Kalbfleischscheiben darauf anrichten.

❖ Wenn Sie das Gericht mit frischem, gehacktem Koriander bestreuen, bringt das neben der Optik auch noch einen exotischen Geschmack!

Zubereitungszeit | 4 0 M i n u t e n | **Schwierigkeitsgrad** |

Zart-cremige Kokosmilch mildert die Schärfe von Sambal oelek etwas ab.

Kalbskopfcurry mit gebratenen Jakobsmuscheln

Für 4 Personen

200 g gekochter Kalbskopf
(beim Metzger
vorbestellen)
470 ml Kokosmilch
(aus der Dose)
1 EL grüne Currypaste
1 TL Thai-Fischsauce
1 EL Austernsauce
5 Kaffir-Zitronenblätter
20 g Knoblauch
20 g Ingwer
1/2 Stange Porree
12 ausgelöste Jakobs-
muscheln (ohne Coraille)
1 EL Butter
4 EL geschlagene Sahne

Den Kalbskopf in feine Streifen schneiden und beiseite stellen.

Kokosmilch und Currypaste in einen
Topf geben und zum Kochen bringen.
Fisch- und Austernsauce zugeben. Die
Zitronenblätter einreißen und zufügen.
Den Knoblauch abziehen und zer-
drücken, den Ingwer schälen und eben-
falls etwas anquetschen. Ingwer und
Knoblauch in die Sauce geben und alles
bei schwacher Hitze 5 bis 10 Minuten
kochen lassen.

Inzwischen den Porree putzen, längs
aufschneiden, gründlich abbrausen und
in sehr feine Streifen schneiden.

Die Muscheln kurz abbrausen und trockentupfen. Die Butter in einer Pfanne
zerlassen und die Muscheln darin von
beiden Seiten anbraten. Gleichzeitig die
Sauce durch ein Sieb gießen, mit Kalbskopf und Porree vermischen.

Das Kalbskopfcurry aufkochen lassen,
dann vom Herd nehmen, die geschlagene Sahne unterheben. Das Kalbskopfcurry auf Tellern anrichten, die Jakobsmuscheln darauf anrichten.

Variante
Statt Kalbskopf können Sie auch Kalbsbries nehmen.

Zubereitungszeit | 3 0 Minuten | **Schwierigkeitsgrad** | *

Zitronengras: Verwendet werden vor allem die verdickten Enden.

In Lapacho-Zitronengras-Tee pochiertes Kalbsfilet
mit grünem Spargel

Für 4 Personen

2 Stängel Zitronengras
1/2 l Lapacho-Tee
1 Knoblauchzehe
3 cm frischer Ingwer
300 g Kartoffeln
(am besten »La Ratte«)
Salz
800 g Kalbsfilet
500 g grüner Spargel
60 g Butter
weißer Pfeffer
2 EL gehackte Petersilie

Die Enden vom Zitronengras mit einem Messerrücken anklopfen. Zitronengras mit Lapacho-Tee und 200 Milliliter Wasser zum Kochen bringen. Knoblauch abziehen und zerdrücken. Ingwer schälen, ebenfalls leicht andrücken und beides in den Teesud geben. Den Sud 10 Minuten kochen lassen.

Die Kartoffeln schälen und in wenig Salzwasser in etwa 20 Minuten knapp weich garen.

Inzwischen das Kalbsfilet von Sehnen, Haut und Fett befreien und in 8 kleine Medaillons schneiden. Die Medaillons leicht anklopfen, dann wieder rund formen. Den Spargel waschen, im unteren Drittel schälen und die Enden abschneiden.

Kartoffeln und Spargel mit den Kalbsfilets im Teesud 10 Minuten erhitzen, aber nicht kochen lassen.

Die Hälfte des heißen Fonds in einen separaten Topf geben, die kalte Butter in Stücken mit einem Schneebesen unterschlagen und den Fond bei schwacher Hitze um ein Drittel reduzieren. Die Sauce darf jetzt nicht mehr kochen, sonst gerinnt die Butter. Die Sauce mit Salz und Pfeffer würzen, die gehackte Petersilie unterrühren.

Kalbsfilet, Spargel und Kartoffeln in vorgewärmte tiefe Teller geben, die leicht sämige Sauce darüber gießen.

Variante

Besonders edel wird das Gericht, wenn Sie mit dem Kalbsfilet ausgelöste Garnelenschwänze erhitzen.

❖ Die Brühe mit dem Kalbsfilet sollte nach Möglichkeit nicht kochen, sondern nur ganz leicht simmern, da das Fleischeiweiß sonst ausflockt und das Fleisch trocken und zäh wird.

Zubereitungszeit | 5 0 Minuten | **Schwierigkeitsgrad** | ✳ ✳

Hirschpaillard mit karamellisierter Mandelkruste an Fenchel-Orangen-Salat

Für 4 Personen

800 g Hirschlende
2 Eiweiß
20 g grobes Meersalz
etwas Cayennepfeffer
200 g gemahlene Mandeln
1 TL Zucker
4 EL Sojasauce
2 Orangen
2 Fenchelknollen
6 EL Olivenöl
1 EL Honig
2 EL Reisessig
einige Röschen Feldsalat
nach Belieben Kräuter zum
Garnieren

Die Hirschlende von Sehnen und Fett befreien und in 8 dünne Scheiben schneiden. Diese mit einem Plattiereisen leicht klopfen und zur Seite stellen. Den Backofen auf 180 °C (Umluft 160 °C, Gas Stufe 2–3) vorheizen.

Für die Mandelkruste Eiweiß steif schlagen, Meersalz, Cayennepfeffer und Mandeln unterrühren. Die Masse auf ein Backblech geben und im Backofen 10 bis 15 Minuten rösten.

Inzwischen für die Marinade Zucker mit 2 Esslöffel Sojasauce vermischen und die Hirschlendenscheiben darin etwa 10 Minuten marinieren. Die Mandelmasse aus dem Backofen nehmen und erkalten lassen.

Die Orangen mit einem scharfen Messer schälen, dabei auch die weiße Innenhaut entfernen. Die Orangenfilets aus den Häuten lösen. Den Fenchel waschen, halbieren, die Strünke entfernen und die Hälften mit einem Gurkenhobel in sehr feine Streifen hobeln.

4 Esslöffel Olivenöl, Honig, Reisessig und 2 Esslöffel Sojasauce verrühren, Orangenfilets sowie Fenchel damit übergießen. Den Feldsalat waschen, putzen und abtropfen lassen.

Die Mandelmasse in Mörser oder Blitzhacker fein zerkleinern und auf einen Teller geben. Die Hirschscheiben darin wenden. 2 Esslöffel Olivenöl in einer Pfanne erhitzen und die Hirschscheiben darin bei mittlerer Hitze von beiden Seiten etwa 2 Minuten braten.

Feldsalat und Orangen-Fenchel-Salat auf Tellern anrichten und die Hirschlendenscheiben darauf geben. Mit Kräutern garnieren.

Variante
Sehr erfrischend, aber leicht bitter schmeckt der Salat, wenn Sie die Orangen durch Grapefruits ersetzen.

 Die Mandelmasse kann man leicht schon am Vortag zubereiten und über Nacht in den Kühlschrank stellen.

Zubereitungszeit | 6 0 M i n u t e n | **Schwierigkeitsgrad** | ✳

Frischen Ingwer erkennen Sie an seiner glatten Schale und dem saftig prallen Fruchtfleisch.

Geflügelbällchen mit Zitronengras und Koriander

Für 4 Personen

200 g Hähnchenbrustfilet
50 g Ingwer
50 g Knoblauch
1 Stängel Zitronengras
6 Kaffir-Zitronenblätter
2 EL Sojasauce
1 EL Austernsauce
1 EL Zucker
3–4 Tropfen Sesamöl
1 EL Erdnussbutter
1 Bund Koriander
1 TL Backpulver
2 EL Öl

Das Hähnchenbrustfilet zweimal durch die mittlere Scheibe des Fleischwolfs drehen oder mit einem großen Messer sehr fein hacken, das Fleisch sollte eine ähnliche Konsistenz haben wie Tatar.

Den Ingwer schälen und fein hacken. Den Knoblauch abziehen und ebenfalls fein hacken. Das Zitronengras waschen und fein zerkleinern. Die Zitronenblätter sehr fein hacken. Diese Zutaten mit Soja- und Austernsauce sowie dem Zucker, dem Sesamöl und dem Geflügelhackfleisch vermischen. Die weiche Erdnussbutter unterrühren und die Masse 10 bis 15 Minuten ziehen lassen.

Den Koriander waschen und trockenschütteln. Die Hälfte der Blättchen hacken und mit dem Backpulver unter die Hackfleischmasse geben. Die restlichen Blättchen beiseite legen.

Aus der Fleischmasse kleine Bällchen formen. Das Öl in einer Pfanne erhitzen und die Bällchen darin bei schwacher Hitze langsam von allen Seiten goldbraun braten.

Variante
Einen feinen Geschmack bekommen die Geflügelbällchen, wenn Sie sie zusätzlich mit 1 bis 2 Esslöffel warmer Kokosmilch aromatisieren.

❖ Braten Sie die Bällchen nur bei schwacher Hitze, denn die Masse enthält sehr viel Zucker und brennt deshalb leicht an.

❖ Besonders schonend werden die Bällchen gegart, wenn Sie sie mit einer Tasse Wasser in eine Pfanne geben und das Wasser bei mittlerer Hitze und offener Pfanne verdampfen lassen.

Zubereitungszeit | 30 Minuten | Schwierigkeitsgrad | ✳

Putenbrustsatés auf warmem Glasnudelsalat mit Erdnusssauce

Für 4 Personen

200 g Putenbrust
300 g Glasnudeln
je 1 rote und grüne
Paprikaschote
1 Bund Frühlingszwiebeln
30 g Ingwer
30 g Knoblauch
470 ml Kokosmilch
(aus der Dose)
100 g Erdnussbutter
2 EL Austernsauce
2 EL Sojasauce
1 EL rote Chilisauce
3 EL Öl
100 g Soja- oder Bambus-
sprossen (aus dem Glas)
1 EL Fischsauce
100 ml Sake
je 1 Bund Koriander und
Petersilie
Salz, Pfeffer
je 30 g gehackte Erdnüsse
und Kokosflocken

Die Putenbrust in schmale Streifen schneiden. Die Glasnudeln **60 Minuten** in kaltem Wasser **einweichen**. Inzwischen die Paprikaschoten waschen, putzen und in Streifen schneiden. Die Frühlingszwiebeln waschen und putzen. Die weißen und grünen Teile trennen und fein zerkleinern.

Den Ingwer schälen und fein reiben. Den Knoblauch abziehen und fein hacken. Die Kokosmilch mit je einer Messerspitze Ingwer und Knoblauch aufkochen. Erdnussbutter, je 1 Esslöffel Austern- und Sojasauce sowie das Grün der Frühlingszwiebeln unterrühren und die Sauce unter ständigem Rühren etwa 5 Minuten kochen lassen. Die Sauce mit der roten Chilisauce abschmecken.

Für den Glasnudelsalat 1 Esslöffel Öl in einer Pfanne erhitzen. Das Weiße der Frühlingszwiebeln mit restlichem Ingwer und Knoblauch darin glasig braten. Paprikaschoten und Sprossen darunter schwenken und alles langsam glacieren. Mit Fisch-, je 1 Esslöffel Soja- und Austernsauce ablöschen, mit Sake auffüllen.

Die Glasnudeln abtropfen lassen und zerkleinern, dann in die Sauce geben und alles gut vermengen. Das Ganze 5 Minuten bei schwacher Hitze leicht kochen lassen.

Koriander und Petersilie waschen, trockenschütteln und die Blättchen fein hacken, unter den Salat mischen und diesen beiseite stellen.

Die Putenbruststreifen auf lange Holzspieße stecken, mit Salz und Pfeffer würzen. 2 Esslöffel Öl in einer Pfanne erhitzen und die Spießchen darin rundum braun braten.

Den Glasnudelsalat auf vorgewärmte Teller verteilen, die Spießchen anlegen und mit der Erdnusssauce übergießen. Mit den gehackten Erdnüssen und den Kokosflocken bestreuen und servieren.

Variante
Statt Putenbrustfleisch eignet sich auch Rind oder Schwein, am besten sind jedoch Garnelen!

Zubereitungszeit | 45 Minuten | **Schwierigkeitsgrad** | ✳ ✳

Reiswein wird in Asien bis auf 50 °C erwärmt und zu den Speisen gereicht.

Maispoularde im Sesammantel auf lauwarmem Spinatsalat

Für 4 Personen

50 g frischer Ingwer
50 g Knoblauch
200 ml helle Sojasauce
200 ml Mirin
200 ml Sake
100 g Zucker
1 Bund Frühlingszwiebeln
4 Maispoulardenbrustfilets
500 g frischer Spinat
4 EL Olivenöl
8 Artischockenböden
(aus der Dose)
2 Tomaten
100 g Sesamsamen,
geschält
4 EL Reisessig
Salz

Für die Marinade den Ingwer schälen und fein reiben. Die Knoblauchzehen abziehen und fein hacken. Ingwer und Knoblauch mit Sojasauce, Mirin, Sake und Zucker aufkochen und etwa 10 Minuten kochen lassen. Die Frühlingszwiebeln waschen, putzen, das Grün in feine Röllchen schneiden und in die Marinade geben. Die Maispoulardenbrustfilets darin etwa **60 Minuten marinieren**.

Den Spinat mehrmals waschen, verlesen und abtropfen lassen. Das Weiße der Frühlingszwiebeln in feine Ringe schneiden. 1 Esslöffel Öl in einer Pfanne erhitzen und das Weiße der Frühlingszwiebeln darin anbraten. Die Artischocken klein schneiden, dazugeben und kurz mitbraten, die Pfanne beiseite stellen.

Die Tomaten mit kochendem Wasser überbrühen, häuten und würfeln, dabei Stielansätze und Kerne entfernen. Die Tomatenwürfel in die Pfanne geben.

Die Brustfilets abtropfen lassen und in Sesam wälzen. 2 Esslöffel Öl in einer Pfanne erhitzen, die Brustfilets darin auf jeder Seite 5 bis 10 Minuten braten, dann aus der Pfanne nehmen, auf Küchenpapier abtropfen lassen, warm halten.

Die Artischockenmischung wieder erhitzen. 1 Esslöffel Öl, Essig und 2 Esslöffel von der Marinade dazugeben, sobald die Mischung heiß ist, die Pfanne vom Herd nehmen, die Spinatblätter unter die Artischockenmischung rühren. Eventuell mit Salz nachwürzen.

Das Artischockengemüse auf Tellern anrichten, das Brustfilet in Scheiben schneiden und die Scheiben auf dem Gemüse verteilen.

❖ Sie können den Salat auch kalt servieren, dann sollte der Spinat aber unbedingt jung sein. Nach Belieben mit etwas Chili würzen.

Zubereitungszeit | 4 0 M i n u t e n | **Schwierigkeitsgrad** |

Stubenküken in kandierter Jasminteemarinade auf Wurzelgemüse

Für 4 Personen

2 Stubenküken
(à ca. 600 g; vom Metzger
auslösen lassen)
2 EL Öl
10 g Jasmintee
50 g frischer Ingwer
100 g Zucker
2 EL Sojasauce
1 EL helle Sesamsamen,
geschält
1 TL Kardamom
1 kleine Thai-Chilischote
100 g Porree
100 g Möhre
100 g Kohlrabi
40 g Butter
1 EL Weißwein
1 Bund Kerbel

Die Stubenküken waschen und trockentupfen. Das Öl in einer Pfanne erhitzen.
Die Stubenküken darin kurz anbraten,
dann zur Seite stellen.

200 Milliliter Wasser zum Kochen brin-
gen, dann auf 70 °C abkühlen und den
Tee darin etwa 4 Minuten ziehen lassen.
Den Ingwer schälen und fein reiben.

Den Backofen auf 180 °C (Umluft 160 °C,
Gas Stufe 2–3) vorheizen. Den Tee
abseihen, mit Zucker, Sojasauce, der
Hälfte des Ingwers, dem Sesam, Kardamom und der Chilischote 2 bis 3 Minuten kochen lassen und leicht reduzieren. 2 Esslöffel von dieser Marinade für
das Gemüse beiseite stellen.

Die Stubenkükenteile mit der restlichen
Marinade bestreichen. Mit der Hautseite nach oben in eine feuerfeste Form
geben und im Backofen 15 bis 20 Minuten garen, dabei die Hautseite immer
wieder mit der Marinade bestreichen.

Den Porree putzen, längs aufschneiden
und abbrausen. Möhre und Kohlrabi
putzen und schälen. Das Gemüse in
Streifen schneiden. Die Butter in einer
Pfanne erhitzen. Das Gemüse mit dem
restlichen Ingwer darin anbraten, den
Weißwein und die beiseite gestellte
Jasminteemarinade angießen.

Den Kerbel waschen, trockenschütteln
und fein zerkleinern. Das Gemüse auf
vorgewärmten Tellern anrichten, die
Stubenküken darauf legen und mit dem
Kerbel bestreuen.

❖ Einen besonders intensiven Geschmack bekommen die Stubenküken,
wenn Sie diese 1 bis 2 Stunden in dem
Jasmintee marinieren.

❖ Anstelle der Stubenküken können
Sie auch Maispoularde oder Perlhuhn
nehmen, hier aber am besten nur Brust
oder Keulen nehmen und das Fleisch
länger marinieren.

Zubereitungszeit | 4 5 M i n u t e n | **Schwierigkeitsgrad** | ✳

Besonders fein und aromatisch: grüner Tee mit getrockneten
Jasminblüten.

Der zarte Geschmack von jungem Kohlrabi harmoniert perfekt mit
dem feinen Fleisch der Stubenküken.

Das Auge isst mit: Eingelegten Ingwer gibt es mit und ohne Farbstoff.

Das Rinderfilet im heißen Fett nur kurz anbraten und vor dem Anschneiden ruhen lassen.

Rinderfilet nach Sashimi-Art mit Gemüsestreifen und Wasabi

Für 4 Personen

1 Knoblauchzehe
4 EL Sake
1 TL Ceylon-Tee
8 EL helle Sojasauce
10 g eingelegter Ingwer
2 EL Zucker
500 g Rinderfilet
1/2 Rettich
50 g Mayonnaise
1 EL Wasabi
1 EL Öl
Salz, Pfeffer
einige Salatblätter

Den Knoblauch abziehen, mit Sake, Tee, Sojasauce, Ingwer, Zucker und 400 Milliliter Wasser in einen Topf geben, zum Kochen bringen und 2 Minuten kochen lassen. Dann beiseite stellen und erkalten lassen.

Das Rinderfilet von Sehnen, Haut und Fett befreien. Das Fleisch abtupfen und mit einem großen, scharfen Messer längs gerade schneiden, das Fleisch sollte wie ein rechteckiger Barren aussehen.

Den erkalteten Sud durch ein Sieb gießen und das Filet darin **60 Minuten marinieren**, dabei öfter wenden.

Inzwischen den Rettich putzen, schälen und in feine Streifen von Streichholzgröße schneiden, die Streifen in Eiswasser legen.

Mayonnaise und Wasabi verrühren. Das Öl in einer Pfanne erhitzen und das Rinderfilet darin rundum scharf und kurz anbraten, maximal 1 Minute auf jeder Seite. Dann beiseite stellen. Mit Salz und Pfeffer würzen.

Die Rettichstreifen abtropfen lassen und auf Tellern anrichten. Das Fleisch in 1/2 Zentimeter dicke Scheiben schneiden, an die abgetropften Rettichstreifen legen und mit Salatblättern garnieren. Die Mayonnaise getrennt dazu reichen.

Variante
Sehr gut schmeckt das Gericht auch mit Thunfisch oder in Kombination mit Thunfisch!

❖ Geben Sie etwas vom Saft des eingelegten Ingwers in die Mayonnaise, das gibt ein interessantes Aroma.

Zubereitungszeit | 3 0 M i n u t e n | Schwierigkeitsgrad | ✳

Rinderfilet Bulgogi in koreanischer Sesam-Birnen-Marinade

Für 4 Personen

800 g Rinderfilet
1 Birne (z. B. Abate Fetel)
1 Bund Frühlingszwiebeln
4 kleine Thai-Chilischoten
2 cl geröstetes Sesamöl
50 ml helle Sojasauce
1 EL Zucker
50 g Ingwer, geschält und gehackt
50 g Knoblauch, abgezogen und gehackt
4 EL rote Chilisauce for Chicken
100 g helle Sesamsamen
2 EL Öl

Das Rinderfilet von Haut, Sehnen und Fett befreien und in 8 Scheiben schneiden. Die Scheiben leicht plattieren und rund formen.

Für die Marinade die Birne schälen, vierteln und das Kerngehäuse entfernen. Die Viertel fein hobeln und in eine hohe Schüssel geben. Die Frühlingszwiebeln waschen, putzen, in feine Ringe schneiden und zu den Birnen geben. Chilischoten waschen, putzen, zerkleinern, mit Sesamöl, Sojasauce, Zucker, 200 Milliliter Wasser, Ingwer und Knoblauch sowie der roten Chilisauce gründlich verrühren.

Die Hälfte der Sesamsamen in einer Pfanne ohne Fett hellgelb rösten und mit den ungerösteten Sesamsamen in die Marinade geben. Alles mit einem Stabmixer fein pürieren.

Die Filetscheiben mit der Marinade begießen und **60 Minuten** darin **einlegen** (nicht im Kühlschrank).

Die Fleischscheiben aus der Marinade nehmen und trockentupfen. Das Öl in einer Pfanne erhitzen und die Fleischscheiben darin von beiden Seiten etwa 2 Minuten anbraten. Die Filets herausnehmen und zugedeckt beiseite stellen.

3 bis 4 Esslöffel von der Marinade in die Pfanne geben und erwärmen. Das Fleisch auf vorgewärmten Tellern anrichten und mit der Sauce begießen.

❖ Sie können die Marinade schon am Vorabend zubereiten und das Fleisch darin im Kühlschrank ziehen lassen.

❖ Als Beilage passen Reis und Salat, aber knusprige Rösti schmecken auch gut dazu.

Zubereitungszeit | 4 0 M i n u t e n | **Schwierigkeitsgrad** | ❋

Die asiatische Küche kennt eine Vielzahl verschiedener Würzsaucen.

Ragout vom Hasenrücken in Hoisinsauce

Für 4 Personen

4 Hasenrückenfilets
40 g Knoblauch
40 g frischer Ingwer
1/2 TL Nelkenpulver
4 EL Sojasauce
2 EL Öl
4 EL Zwiebelwürfel
3 EL Selleriewürfel
1 EL kleine Möhrenwürfel
2 EL Porreewürfel
1 Bund Thaibasilikum
1/4 l Wildfond
(aus dem Glas)
2 EL Hoisinsauce
1 EL Austernsauce
2 EL Chilisauce
2 EL Sahne
40 g Butter
1 EL Mangowürfel

Die Hasenrückenfilets in 1 1/2 Zentimeter große Würfel schneiden. Knoblauch abziehen, Ingwer schälen und beides fein hacken. Nelkenpulver, Ingwer, Sojasauce und Knoblauch verrühren, die Fleischwürfel darin wenden und etwa **20 Minuten marinieren.**

Das Öl in einer Pfanne erhitzen. Das Fleisch trockentupfen, in dem heißen Fett anbraten und leicht Farbe nehmen lassen. Zwiebel-, Sellerie-, Möhren- sowie Porreewürfel dazugeben und etwa 10 Minuten mitbraten. Das Thaibasilikum waschen, trockenschütteln und die Blättchen abzupfen.

Fleisch und Gemüse mit dem Wildfond ablöschen, den Fond durch ein Sieb passieren und auf die Hälfte reduzieren. Hoisin-, Austern- und Chilisauce sowie Thaibasilikum zufügen. Das Ganze mit dem Gemüse und dem Fleisch vermischen und kurz aufkochen lassen.

Die Sahne mit einem Schneebesen kurz aufschlagen. Die kalte Butter in Stückchen unter die Sauce rühren, die geschlagene Sahne und die Mangowürfel unterheben. Dazu passen Rösti.

 Für die Rösti 800 Gramm fest kochende Kartoffeln waschen, schälen, auf einer groben Reibe hobeln, ausdrücken und salzen. In einer Pfanne 2 Esslöffel Öl erhitzen. Von der Kartoffelmasse etwa Handteller große Taler in die Pfanne setzen und in dem Öl von beiden Seiten goldgelb braten.

Zubereitungszeit | 4 0 M i n u t e n | **Schwierigkeitsgrad** | ✳

Das Fruchtfleisch der Mangos am besten mit einem scharfen Messer am Stein entlang abtrennen.

Ochsenschwanzragout nach philippinischer Art

Für 4 Personen

1 Schweinenetz (beim
Metzger vorbestellen)
1 Zwiebel
1 Möhre
1/4 Sellerieknolle
1 kg Ochsenschwanz, in
etwa 5 cm lange Stücke
geschnitten
Salz, Pfeffer
4 EL Öl
1/2 l Rotwein
1 1/2 l Brühe
1 Knoblauchknolle
50 g frischer Ingwer
2 Kardamomkapseln
1 TL Kreuzkümmel
150 g Graupen
20–30 g Röstzwiebeln
1 Bund Schnittlauch
2 EL Austernsauce
2 EL Sojasauce
1 TL Kurkuma

Das Schweinenetz **24 Stunden in kaltes
Wasser legen**, das Wasser dabei mehrmals erneuern.

Zwiebel, Möhre und Sellerie schälen
und in Würfel schneiden. Den Ochsenschwanz mit Salz und Pfeffer würzen.
2 Esslöffel Öl in einem großen Topf
erhitzen und das Fleisch darin von allen
Seiten schön braun anbraten.

Die Gemüsewürfel hinzufügen und
mitrösten. Den Rotwein angießen und
leicht einkochen lassen. Mit 1 Liter
Brühe auffüllen. Den Knoblauch einmal
durchschneiden und zu dem Ragout
geben. Den Ingwer längs durchschneiden, mit Kardamom und Kreuzkümmel
zum Fleisch geben und das Ganze zugedeckt bei schwacher Hitze 30 Minuten
kochen lassen.

Die Graupen waschen, kurz einweichen
und mit 500 Milliliter Brühe oder
Wasser zum Kochen bringen. Die Graupen in etwa 40 Minuten weich garen.

Wenn der Ochsenschwanz weich ist, die
Fleischstücke aus der Sauce nehmen.
Das Fleisch vom Knochen lösen. Die
Knochen zurück in die Sauce geben und
diese leicht reduzieren lassen, bis eine

kräftige, sämige Sauce entstanden ist.
Die Graupen abgießen und gut abtropfen lassen.

Das Ochsenschwanzfleisch in etwa
2 Zentimeter große Würfel schneiden,
mit den Röstzwiebeln und den Graupen
mischen. Den Schnittlauch waschen,
trockenschütteln, fein schneiden und
mit der Austern- sowie der Sojasauce
unter das Fleisch mischen.

Den Backofen auf 180 °C (Umluft 160 °C,
Gas Stufe 2–3) vorheizen. Die Masse
mit Kurkuma sowie Salz und Pfeffer abschmecken. Mit einer kleinen Schöpf-
kelle Klöße aus der Masse formen.
Das Schweinenetz in entsprechend
große Quadrate schneiden und die
Klöße darin einschlagen.

2 Esslöffel Öl in einer Pfanne erhitzen
und die Klößchen darin rundum anbraten. Dann im heißen Ofen in 5 bis
10 Minuten fertig garen.

Die Sauce reduzieren und durch ein
Sieb passieren. Die Klößchen mit der
Sauce auf Tellern anrichten.

❖ Dieses Gericht lässt sich problemlos
1 oder 2 Tage im Voraus zubereiten.

Zubereitungszeit | 1 Stunde 30 Minuten | **Schwierigkeitsgrad** | ✳ ✳

Rosa gebratene Entenbrustfilets mit Hoisinglasur
und Tarowurzel-Kartoffel-Galettes

Für 4 Personen

4 Entenbrustfilets
20 g frischer Ingwer
20 g Knoblauch
2 EL Sojasauce
1 EL Honig
2 EL Hoisinsauce
2 EL Ketchup
1 EL Pflaumenwein
500 g Tarowurzeln
500 g mehlig kochende
Kartoffeln
1 Ei
Salz, Pfeffer
2 EL Öl

Die Entenbrustfilets auf der Hautseite mit einem scharfen Messer rautenförmig einritzen. Den Ingwer schälen. Den Knoblauch abziehen. Ingwer, Knoblauch, Sojasauce und Honig in einen Rührbecher geben und mit einem Stabmixer fein pürieren. Die Entenbrustfilets auf beiden Seiten mit der Paste bestreichen und zugedeckt 20 bis 30 Minuten marinieren. Die Entenbrustfilets nach der Hälfte der Zeit einmal wenden.

Den Backofen auf 180 °C (Umluft 160 °C, Gas Stufe 2–3) vorheizen. Die Filets aus der Marinade nehmen, die Marinade leicht abstreifen und beiseite stellen. Eine Pfanne auf mittlerer Stufe erhitzen. Die Filets mit der Hautseite nach unten hineinlegen und 5 Minuten braten. Die Filets dann in den Ofen schieben und etwa 10 Minuten weitergaren. Die Pfanne herausnehmen. Die Filets auf die Fleischseite wenden und etwa 10 Minuten ruhen lassen.

Inzwischen Hoisinsauce, Ketchup, Pflaumenwein und 1 Esslöffel der beiseite gestellten Marinade verrühren und die Hautseite der Ente damit bestreichen.

Die Ente mit der Hautseite nach oben wieder in den heißen Ofen schieben und 5 bis 8 Minuten glacieren.

Während die Filets garen, Tarowurzeln und Kartoffeln schälen, grob reiben und das Ei unterrühren. Die Masse mit Salz und Pfeffer würzen und daraus kleine Küchlein formen. In einer Pfanne das Öl erhitzen und die Küchlein darin von beiden Seiten goldgelb braten.

Die Entenbrustfilets aus dem Ofen nehmen und 3 bis 5 Minuten ruhen lassen. Die Filets von der Hautseite aus mit einem Messer in dünne Scheiben schneiden. Den austretenden Fleischsaft auffangen und mit der restlichen Marinade und der übrigen Glasur vermischen.

Die Entenbrustscheiben auf den Tarowurzel-Kartoffel-Galettes mit der Sauce anrichten.

Variante
Wenn Sie die Marinade etwas schärfer und pikanter mögen, rühren Sie 1 gewaschene und aufgeschnittene Chilischote in die Hoisin-Ketchup-Glasur, die Sie vor dem Bestreichen aber wieder entfernen.

❖ Je länger Sie die Entenbrust ruhen lassen, umso zarter wird das Fleisch und umso weniger Saft geht beim Schneiden verloren – optimal wären 5 Minuten.

Gemüse: Kraut und Rüben

Es ist schon erstaunlich, was sich auf unseren Märkten und in unseren Geschäften aus asiatischen oder anderen Ländern ganz selbstverständlich breit gemacht hat und heute zum alltäglichen Angebot gehört: Pak-Choi, Moschuskürbis, Auberginen, Süßkartoffeln oder einfach chinesischer Weißkohl, um nur einige zu nennen. Frische Sojasprossen sind ebenso zur Selbstverständlichkeit geworden wie frisches Koriandergrün, Thaibasilikum oder Stängel von Zitronengras. Chinakohl heißt nicht nur so, sondern kommt tatsächlich aus dem Reich der Mitte. Das milde Gemüse ist eine Kreuzung aus Senfkohl und Speiserübe und schmeckt gedünstet als Gemüse oder roh als Salat.

Bei uns als Arme-Leute-Essen verschrien haben **Kohlgerichte** in Asien Hochkonjunktur. Und das zu Recht: Kohl enthält reichlich Eisen, Mineralstoffe und Vitamine.

Pak-Choi (chinesischer Senfkohl) erinnert in Geschmack und Aussehen ein wenig an Mangold und kann als Rohkost oder gedünstet auf den Teller kommen. Diese Blattkohlsorte ist in ganz Südostasien beheimatet und wird in China schon seit 2000 Jahren kultiviert. Die Blätter einfach abtrennen bzw. das Ende abschneiden und die harten Stiele entfernen. Werden die Blätter zum Füllen verwendet, die dicken Mittelrippen abschneiden und die Blätter kurz in kochendem Wasser blanchieren, dann eiskalt abschrecken.

Weißkraut gilt eigentlich als typisch deutsches Gemüse, dabei wird etwa die Hälfte der weltweiten Ernte in Asien verzehrt. Chinesischer Weißkohl ist kleiner als der aus europäischem Anbau, geschmacklich aber mit unserem durchaus vergleichbar. Achten Sie beim Einkauf darauf, dass die Köpfe fest und die Blätter glänzend und ohne braune oder gelbe Stellen sind.

Süßkartoffeln oder Bataten sind längliche, rotschalige Knollen und weit größer als unsere heimischen Kartoffeln, mit diesen botanisch auch nicht verwandt. Süßkartoffeln enthalten relativ viel Wasser und können deshalb nur kurze Zeit gelagert werden. Ihr weißes bis intensiv gelbliches Fruchtfleisch schmeckt süßlich und ist gekocht von cremiger Konsistenz. Nach Weizen, Reis, Mais und Maniok zählen sie zu den Hauptnahrungsmitteln, denn sie liefern reichlich Kohlenhydrate und Karotin. Süßkartoffeln werden geschält und nach Belieben in Würfel oder Scheiben geschnitten in Wasser gegart oder wie Kartoffeln gebraten.

Wasserkastanien sind bei uns zumindest als Konserve leicht zu bekommen. Frisch sind sie eher selten und müssen dann geschält und gegart werden. Egal ob fein gehackt in Fleisch- oder Gemüsegerichten oder püriert als Füllung für Wan-Tans – in der chinesischen Küche sind sie unentbehrlich und dort vermutlich schon seit 3000 Jahren bekannt. Mit unseren Kastanien haben sie außer dem Namen wenig gemein, sie zählen zu den Riedgrasgewächsen und werden in stehenden Gewässern kultiviert.

Moschuskürbis spielt vor allem in Zentralamerika, China und Indien eine bedeutende Rolle. Sein goldgelbes Fruchtfleisch verströmt einen feinen Duft – daher auch sein Name – und seine Schale ist, im Vergleich zu der anderer Kürbissorten, sehr weich.

Sojasprossen sind nicht, wie der Name vermuten ließe, Sprossen der Sojabohne, sondern Keime der **Mungobohne**. Sie enthalten wertvolle Enzyme und sollten deshalb öfter auf Ihrem Speiseplan stehen. Sprossen bekommen Sie frisch im Naturkostladen oder Supermarkt.

Sternanis und Kardamom geben dem Gemüse ein kräftiges exotisches Aroma.

Zimtstangen werden in mühsamer Handarbeit aus der Innenrinde des Zimtbaumes gewonnen.

Schaumige Mohnpolenta mit Vanille-Zimt-Aroma an orientalischem Gemüse

Für 4 Personen

1 l Brühe oder Wasser
1 Zimtstange
1 Vanilleschote
200 g Polenta (Maisgrieß)
1 EL gemahlener Mohn
200 g Möhren
200 g Knollensellerie
100 g Zuckerschoten
20 g Butter
1 EL Zucker
2 Sternanis
1 TL Kardamom
100 g Sojasprossen
Pfeffer
1 EL Sojasauce
Salz
1 EL Sahne
2 EL gehackte Kräuter
nach Belieben

Brühe oder Wasser mit der Zimtstange und der aufgeschnittenen Vanilleschote in einen Topf geben, langsam erwärmen und 10 Minuten bei schwacher Hitze ziehen lassen. Vanilleschote und Zimtstange entfernen.

Den Grieß mit dem Schneebesen unterrühren, bis eine glatte Masse entstanden ist, dann den Mohn untermischen. Die Polenta warm stellen.

Möhren und Sellerie schälen, die Zuckerschoten waschen und putzen, alles in dünne Stifte schneiden. Die Butter mit dem Zucker in einem Topf erhitzen und das Gemüse darin 5 Minuten glacieren.

Anis, Kardamom und Sprossen unterrühren. Mit Pfeffer, Sojasauce oder Salz abschmecken.

Zum Schluss die Sahne leicht schlagen und unter die heiße Polenta rühren. Die Polenta und das Gemüse auf vorgewärmten Tellern anrichten, mit den gehackten Kräutern bestreuen und sofort servieren.

Zubereitungszeit | 40 Minuten | Schwierigkeitsgrad | ✳

Erbsenpüree mit Kürbis-Wan-Tan

Für 4 Personen

2 Schalotten
30 g Butter
500 g enthülste frische
junge Erbsen
1/4 l helle Gemüsebrühe
6 EL Sahne
100 g Kürbisfleisch (am
besten Muskatkürbis)
1 EL Hagebuttenmark
1 TL Kürbiskernöl
Salz, Pfeffer
8 Wan-Tan-Blätter
1 Eiweiß
Fett zum Frittieren

Die Schalotten abziehen und fein würfeln. Die Butter in einem Topf erhitzen, die Schalotten darin glasig braten. Die Erbsen zugeben und kurz mitdünsten. Die Brühe angießen und zum Kochen bringen. 3 Esslöffel Sahne unterrühren und das Ganze bei mittlerer Hitze in 10 bis 15 Minuten stark reduzieren.

Dann den Topf von der Kochstelle nehmen und den Inhalt mit einem Stabmixer pürieren. Das Erbsenpüree mit einem Löffelrücken durch ein grobes Sieb in einen anderen Topf drücken.

Das Kürbisfleisch in große Würfel schneiden. Wasser in einem Topf erhitzen und die Kürbiswürfel darin in etwa 10 Minuten weich garen.

Das Kürbisfleisch herausnehmen, leicht abkühlen lassen, dann mit dem Hagebuttenmark, dem Kürbiskernöl, Salz

und Pfeffer mischen und alles mit dem Stabmixer pürieren. Die Masse beiseite stellen und abkühlen lassen.

Die Wan-Tan-Blätter auf einer Arbeitsfläche ausbreiten und die Kürbismasse mit einem Löffel darauf verteilen. Die Ränder der Wan-Tan-Blätter mit Eiweiß bestreichen. Die Wan-Tan-Blätter diagonal über die Füllung klappen, sodass Dreiecke entstehen, und die Ränder gut festdrücken.

Fett in einer Fritteuse auf mittlerer Stufe erhitzen und die Wan-Tan-Blätter darin portionsweise hellbraun frittieren, anschließend herausnehmen und auf Küchenpapier abtropfen lassen.

Das Erbsenpüree mit 2 Esslöffel Sahne vermischen, mit Salz und Pfeffer würzen und auf Teller geben. Die Wan-Tan-Blätter darauf anrichten, 1 Esslöffel Sahne darüber träufeln.

Zubereitungszeit | 6 0 M i n u t e n | **Schwierigkeitsgrad** | ✳ ✳

Zart und fein im Geschmack: frisch gepalte, junge Erbsen.

Muskat- oder Moschuskürbis hat ein besonders aromatisches Fruchtfleisch.

Limetten-Austernpilz-Essenz mit Gemüsechips

Für 4 Personen

150 g Austernpilze
1 Stange Porree
1 Möhre
100 g Sellerieknolle
1 Zwiebel
1 Chilischote
6 Stängel Zitronengras
2 cm frischer Ingwer
4 Knoblauchzehen
6 Limetten
4 Kaffir-Zitronenblätter
1 EL Zucker
Fett zum Frittieren
4 EL helle Sojasauce
Pfeffer

Die Austernpilze putzen, die Stiele abschneiden und beiseite legen. Den Porree putzen, längs aufschneiden, auseinanderdrücken und gründlich abbrausen. Die Möhre putzen. Den Sellerie schälen.

Ein Viertel von dem Gemüse für die Chips beiseite stellen. Das restliche Gemüse grob zerkleinern, mit den Austernpilzstielen und 1 1/2 Liter Wasser langsam zum Kochen bringen und bei schwacher Hitze etwa 10 Minuten leise kochen lassen.

Die Zwiebel halbieren und mit den Schnittflächen in einer Pfanne ohne Fett rösten. In die Brühe geben und diese weitere 20 Minuten leise kochen lassen.

Inzwischen die Chilischote waschen und putzen. Das Zitronengras waschen und die unteren Teile leicht anklopfen. Ingwer schälen, Knoblauch abziehen und beides fein hacken. 5 Limetten halbieren und auspressen. Die Kaffir-Zitronenblätter waschen. Diese Zutaten und den Zucker in die Brühe geben und alles bei mittlerer Hitze ziehen lassen, bis die Gemüsechips fertig sind.

Für die Chips das beiseite gestellte Gemüse in feine Scheiben schneiden. Das Fett in einer Fritteuse erhitzen und das Gemüse darin portionsweise knusprig frittieren, dann herausheben und auf Küchenpapier abtropfen lassen. Die Austernpilzhüte in Streifen schneiden. Die übrige Limette in Scheiben schneiden.

Den Fond durch einen Filter gießen, mit Sojasauce und Pfeffer würzen und mit den Gemüsechips, den Austernpilzstreifen und den Limettenscheiben in Suppentellern anrichten.

Variante
Sie können den Fond auch mit Geflügel oder Garnelen ansetzen. Schneller geht es, wenn Sie 800 Milliliter Gemüsefond aus dem Glas nehmen.

Zubereitungszeit | 60 Minuten | **Schwierigkeitsgrad** |

Schalotten, die kleineren Schwestern der Zwiebel, geben Gerichten milde Würze.

Steinpilz-Tofu-Gröstl

Für 4 Personen

500 g Brokkoli
150 g frische Steinpilze
150 g Tofu
50 g getrocknete Tomaten
2 Schalotten
1 Bund Basilikum
3 EL Olivenöl
1 EL Aceto balsamico
200 ml Brühe
50 g Studentenfutter
mit Apfel

Den Brokkoli waschen und in einzelne Röschen teilen. Die Steinpilze putzen, nach Möglichkeit mit wenig Wasser, am besten mit einem Tuch oder mit einem weichen Pinsel, von Sand befreien, je nach Größe würfeln oder vierteln. Den Tofu in daumennagelgroße Würfel schneiden. Die getrockneten Tomaten in feine Streifen schneiden. Die Schalotten abziehen und in Scheiben schneiden. Das Basilikum waschen und trocken-schütteln.

2 Esslöffel Olivenöl in einer Pfanne erhitzen, die Tofuwürfel darin braun braten, herausnehmen und auf Küchenpapier abtropfen lassen. Die Steinpilze im gleichen Öl wie den Tofu leicht gold-gelb braten. Dann den Tofu wieder in die Pfanne geben, die Mischung bei-seite stellen.

In 1 Esslöffel Öl die Schalotten mit den getrockneten Tomaten leicht anbraten, mit dem Aceto balsamico ablöschen. Die Brokkoliröschen dazugeben und alles kurz mitbraten.

Die Brühe angießen und das Studenten-futter unterrühren. Das Tomatenragout mit dem Pilz-Tofu-Gröstl vermengen und alles noch einmal kräftig erhitzen. Die Basilikumblättchen abzupfen und in Streifen schneiden. Das Gröstl auf Tel-lern anrichten und mit dem Basilikum bestreut servieren.

❖ Wenn Sie keine frischen Steinpilze bekommen, können Sie auch gefrorene nehmen, dann brauchen Sie allerdings 250 Gramm Pilze, weil Tiefkühlware besonders viel Wasser enthält.

❖ In diesem Gericht schmecken auch Speckstreifen sehr gut.

Weißkraut: Beim Kochen entwickelt sich Vitamin C.

Sojasprossen: eigentlich Keime der Mungobohne.

Frühlingsrollen auf Weißkraut

Für 4 Personen

500 g Weißkraut
2 rote Paprikaschoten
2 grüne Paprikaschoten
200 g Sojasprossen
100 g Bambussprossen
50 g frischer Ingwer
50 g Knoblauch
6 EL Sonnenblumenöl
50 g helle Sesamsamen
2 EL Fischsauce
6 EL Sojasauce
1 Bund Koriander
1 Bund Frühlingszwiebeln
4 EL Austernsauce
16 Blätter Frühlingsrollenteig
1 Ei
1 l Kokosöl zum Frittieren
20 g schwarze Sesam-
samen
100 ml Chilisauce for
Chicken

Das Weißkraut zerteilen, den Strunk entfernen, das Kraut waschen. Die Paprikaschoten waschen und putzen. Weißkraut und Paprikaschoten in Streifen schneiden. Die Sprossen abbrausen, abtropfen lassen und zerkleinern. Ingwer schälen, Knoblauch abziehen, beides klein hacken.

Das Öl in einer Pfanne erhitzen, Knoblauch und Ingwer darin glasig braten. Zuerst die Hälfte vom Weißkraut, dann die Sprossen und zum Schluss die Paprikastreifen unterschwenken.

Die hellen Sesamsamen dazugeben und mitrösten, Fisch- und Sojasauce angießen, dann beiseite stellen.

Den Koriander waschen, trockenschütteln und fein hacken. Die Frühlingszwiebeln waschen, putzen, fein zerkleinern und mit der Austernsauce und dem Koriander unter das Gemüse rühren, die Mischung erkalten lassen.

Die kalte Masse mit einem Löffel auf die Frühlingsrollenblätter verteilen (aber nicht zu viel!). Das Ei verquirlen und die Teigränder damit bestreichen. Den Teig über die Füllung schlagen, die Enden umklappen.

Das Öl in einer Fritteuse auf mittlerer Stufe erhitzen. Die Päckchen darin portionsweise frittieren, dann herausnehmen und auf Küchenpapier abtropfen lassen. Die restlichen Weißkrautstreifen mit den schwarzen Sesamsamen auf Teller verteilen, die frittierten Päckchen darauf anrichten, die Chilisauce zum Dippen getrennt dazu reichen.

Zubereitungszeit | 6 0 M i n u t e n | **Schwierigkeitsgrad** | ✳

Tamarinde: Die Früchte des Tamarindenbaumes schmecken süß-säuerlich.

Cappuccino von der Süßkartoffel mit Thaibasilikum

Für 4 Personen

100 g Süßkartoffel
10 g frischer Galgant
50 g Zwiebeln
3 EL Olivenöl
2 EL Weißwein
1/2 l Milch (1,5 % Fett)
6–8 Blätter Thaibasilikum

Die Süßkartoffel waschen, schälen und in 2 Zentimeter große Würfel schneiden. Galgant schälen und fein reiben. Die Zwiebeln abziehen und fein hacken. Das Olivenöl in einer Pfanne erhitzen, Süßkartoffel, Galgant und Zwiebeln darin glasig braten.

Den Weißwein angießen und leicht einkochen lassen. Wenn der Weißwein fast völlig verdunstet ist, 1/4 Liter Milch angießen. Alles bei schwacher Hitze 15 Minuten kochen lassen, bis die Süßkartoffel weich ist.

Inzwischen die Thaibasilikumblätter waschen und trockenschütteln. Die Süßkartoffelsuppe mit einem Mixstab fein pürieren und warm stellen.

1/4 Liter Milch in einem Topf bei mittlerer Hitze mit einem Schneebesen schaumig schlagen.

Die Thaibasilikumblätter in die warme Suppe geben und diese kurz vor dem Servieren nochmals aufmixen. Die Suppe in vorgewärmte Tassen füllen und die aufgeschäumte Milch oben darauf geben.

❖ Nehmen Sie statt einer Tasse ein Glas, das hat einen tollen Effekt!

❖ Dieser Cappuccino schmeckt auch mit Kürbis und Ingwer toll!

Zubereitungszeit | 3 0 M i n u t e n | **Schwierigkeitsgrad** | ✳

Garnelen auf Tandoorilinsen

Für 4 Personen

12 Riesengarnelen (à 80 g;
roh, mit Schale, ohne Kopf)
200 ml Kombucha
4 EL Sojasauce
200 g rote Linsen
1 Zwiebel
30 g Ingwer
3 EL Öl
1/2 l Brühe
2 EL Sahne
1 EL rote Tandooripaste
1/4 Sellerieknolle
1 Möhre
1 Stange Porree
1 Bund Koriander
2 EL Austernsauce

Die Garnelen schälen, das letzte Segment aber daranlassen. Den Kombucha mit 2 Esslöffel Sojasauce verrühren, die Garnelen darin mindestens **60 Minuten einlegen**.

Die Linsen gründlich waschen und **60 Minuten** in kaltem Wasser **einweichen**. Die Zwiebel abziehen und würfeln. Den Ingwer schälen und halbieren. 2 Esslöffel Öl erhitzen, Zwiebel und Ingwer darin anschwitzen.

Die Linsen abtropfen lassen, dazugeben und leicht anrösten. Dann mit 2 Esslöffel Sojasauce und der Brühe ablöschen. Die Linsen bei schwacher Hitze etwa 15 Minuten kochen lassen. Zum Schluss Sahne und Tandooripaste unterrühren.

Während die Linsen garen, Sellerie und Möhre schälen und in kleine Würfel schneiden. Den Porree putzen, längs aufschneiden und gründlich abbrausen. Das Gemüse würfeln. Kurz bevor die Linsen weich sind, das gewürfelte

Gemüse dazugeben und alles nochmals 5 Minuten kochen lassen. Die Linsen sollten dickflüssig, aber nicht breiig sein.

Den Koriander waschen und trockenschütteln, die Blättchen abzupfen und mit der Austernsauce unter die Linsen rühren. Warm stellen.

Die Garnelen abtropfen lassen. 1 Esslöffel Öl in einer Pfanne erhitzen und die Garnelen darin von beiden Seiten hellbraun anbraten.

Die Linsen auf vorgewärmte Teller verteilen und die gebratenen Garnelen darauf anrichten.

Variante
Versuchen Sie die Linsen auch einmal mit 1 Esslöffel Erdnussbutter.

 Kaufen Sie Koriander immer mit Wurzel und lassen Sie diese daran, dann hält er sich länger frisch, außerdem schmeckt die Wurzel sehr intensiv.

Zubereitungszeit | 4 0 M i n u t e n | **Schwierigkeitsgrad** | ✳

Rote Linsen sind nichts anderes als geschälte braune Linsen.

Süßkartoffelgemüse mit Mango à la Malu

Für 4 Personen

1 kg Süßkartoffeln
500 g grüner Spargel
100 g Zuckerschoten
2 Mangos
2 Kolben Babymais
Salz
1 EL Sesamsamen
1 Bund glatte Petersilie
1 Zwiebel
2 EL Öl
20 g Butter
1 TL Zucker
4 EL Sojasauce
2 EL Austernsauce
2 EL Noilly Prat
100 ml Brühe
Pfeffer
1 EL rote Chilisauce

Die Süßkartoffeln schälen, der Länge nach vierteln, die Viertel in 1/2 Zentimeter breite Scheiben schneiden. Den Spargel im unteren Drittel schälen und die holzigen Enden abschneiden. Die Zuckerschoten waschen und die Enden abknipsen, die Schoten quer halbieren. Die Mangos schälen. Das Fruchtfleisch in Spalten vom Stein schneiden und in grobe Würfel teilen. Den Mais von den Blättern befreien, waschen und in leicht gesalzenem Wasser etwa 10 Minuten garen, abgießen und abtropfen lassen.

Den Sesam in einer Pfanne ohne Fett hellgelb rösten, dann beiseite stellen. Die Petersilie waschen und trockenschütteln. Die Blättchen abzupfen und grob zerkleinern.

Die Zwiebel abziehen und fein hacken. Das Öl in einer großen Pfanne erhitzen, Süßkartoffeln und Mais darin anbraten, bis sie leicht Farbe angenommen haben, dann beiseite stellen.

In einer zweiten Pfanne die Butter erhitzen. Spargel, Zuckerschoten und Zwiebelwürfel darin glasig braten, den Zucker unterrühren und das Gemüse darin etwa 5 Minuten glacieren, bis der Spargel weich ist. Den Spargel zu den Süßkartoffeln geben.

Süßkartoffeln, Spargel und Zuckerschoten wieder erhitzen, mit Sojasauce ablöschen. Austernsauce und Noilly Prat zufügen. Das Ganze unter ständigem Rühren oder Schwenken erhitzen und die Flüssigkeit leicht reduzieren.

Zum Schluss die Mangowürfel unterrühren, die Brühe angießen und alles bei schwacher Hitze kurz kochen lassen. Den Sesam unterrühren, mit Salz, Pfeffer und Chilisauce würzen.

 Bei diesem Gericht ist es sehr wichtig, dass alle Zutaten vorbereitet sind und nebeneinander in verschiedenen Tellern bereitstehen.

 Das Süßkartoffelgemüse lässt sich hervorragend mit Shrimps oder Hummer kombinieren, eignet sich aber auch als Beilage für ein Fleischgericht.

Zubereitungszeit | 6 0 M i n u t e n | **Schwierigkeitsgrad** | ✳

Würzige Exoten: Achten Sie auf Reife!

Zartes Frühlingsgemüse: Zuckerschoten und Babymais.

Eissalat mit Pomelofilets an Sesamdressing mit Kürbiskernen

Für 4 Personen

50 g helle Sesamsamen
50 g geschälte Kürbiskerne
1 Kopf Eissalat
1 Bund Schnittlauch
1 rosa Pomelo
6 EL Reisessig
8 EL Olivenöl
1 EL Sesamöl
2 EL helle Sojasauce

Sesamsamen und Kürbiskerne in einer Pfanne ohne Fett hellgelb rösten, dann beiseite stellen. Den Eissalat putzen, waschen und trockenschleudern. Den Salat in Streifen schneiden. Den Schnittlauch waschen und trockenschütteln.

Die Pomelo schälen, dabei auch die weiße Haut völlig entfernen. Die Filets aus den Häuten schneiden.

Für das Dressing Reisessig, Oliven- und Sesamöl sowie Sojasauce mit einem Schneebesen cremig aufschlagen. Den Schnittlauch in Röllchen schneiden.

Den Salat mit dem Dressing in eine Schüssel geben und alles gründlich durchmischen. Pomelofilets, Kürbiskerne und Sesamsamen zufügen und alles vorsichtig durchmischen. Den Schnittlauch darüber streuen.

Variante

Wenn Sie keine Pomelos bekommen, nehmen Sie rosa Grapefruits. Die Filets in diesem Fall leicht zuckern.

 Sehr gut schmecken in diesem Salat Garnelen, dann sollten Sie die Kürbiskerne allerdings weglassen.

Zubereitungszeit | 2 5 M i n u t e n | Schwierigkeitsgrad | ✳

Geröstet entfalten Kürbiskerne ihr volles Aroma.

Die Riesen unter den Zitrusfrüchten: Pomelos.

Kürbis-Gemüse-Navarin mit Radicchio-Curry-Pesto

Für 4 Personen

**Für den Kürbis-
Gemüse-Navarin**

50 g rote Kidneybohnen
100 g Trüffelkartoffeln
200 g Muskatkürbisfleisch
100 g Petersilienwurzel
100 g weiße Rüben
3 EL Olivenöl
1/2 Stange Porree
1 rote Zwiebel
1/2 Zucchino
1 Tomate
1 l Brühe
Salz, Pfeffer

**Für das Radicchio-
Curry-Pesto**

1/2 rote Paprikaschote
1 Kopf Radicchio
1 EL rote Currypaste
1 TL Currypulver
1 Knoblauchzehe
2 EL Olivenöl

Für den Kürbis-Gemüse-Navarin getrocknete Kidneybohnen mindestens **3 Stunden** in kaltem Wasser **einweichen**. Dann mit dem Wasser zum Kochen bringen und etwa 60 Minuten garen.

Die Kartoffeln waschen und mit der Schale in wenig Wasser in 10 bis 15 Minuten fast weich garen, dann abgießen und ausdampfen lassen.

Während die Kartoffeln garen, für das Radicchio-Curry-Pesto die Paprikaschote waschen, putzen und zerkleinern. Vom Radicchio die äußeren Blätter entfernen, den Kopf halbieren, den Strunk herausschneiden. Die Hälften fein hacken. Paprika mit Radicchio, Currypaste und -pulver, abgezogenem Knoblauch sowie Olivenöl in Mörser oder Blitzhacker fein pürieren und kalt stellen.

Für den Navarin das Kürbisfleisch daumennagelgroß würfeln. Die Petersilienwurzel schälen und fein würfeln. Die weißen Rüben schälen und ebenfalls fein würfeln. Die Gemüse getrennt in je 1/2 Esslöffel Öl anbraten. Dann in eine Schüssel geben und beiseite stellen.

Den Porree putzen, längs aufschneiden, gründlich abbrausen und in feine Streifen schneiden. Die Zwiebel abziehen und fein würfeln. Den Zucchino waschen, putzen und in Würfel schneiden. Die Tomate waschen und würfeln, dabei Kerne und Stielansatz entfernen.

1 1/2 Esslöffel Öl in einer großen Pfanne erhitzen, Porree und Zwiebel darin glasig dünsten. Das übrige Gemüse, bis auf die Kartoffeln, unterrühren und alles kräftig durchschwenken. Die Brühe angießen und das Gemüse 5 bis 10 Minuten bei schwacher Hitze kochen lassen.

Inzwischen die Kartoffeln pellen, vierteln und unter das Gemüse rühren. Der Navarin sollte wie ein klarer Eintopf aussehen und nicht breiig werden.

Den Navarin mit Salz und Pfeffer abschmecken, auf Teller verteilen und von dem Pesto auf jede Portion 1 bis 2 Esslöffel geben.

❖ 1 Lotoswurzel schälen, in Scheiben schneiden und wie das Kürbisfleisch in 1/2 Esslöffel Öl garen.

❖ Bei diesem Gericht müssen Sie darauf achten, dass jede Gemüseart andere Kochzeiten hat, deshalb muss jede Sorte für sich gegart werden.

❖ Dieses Kürbis-Gemüse-Gericht eignet sich hervorragend als Basis für einen Lamm- oder Rindfleischeintopf.

Zubereitungszeit | 1 Stunde 30 Minuten | **Schwierigkeitsgrad** | ✳

Obst: paradiesische Früchte

Asien ist ein Paradies der Früchte, von denen wir in Europa allerdings nicht alle bekommen. Meine Rezepte beschränken sich deshalb auf Sorten, die auch bei uns in jedem größeren Supermarkt oder im Obst- und Gemüsefachhandel erhältlich sind.

Verlassen Sie sich beim Einkauf auf Ihre Sinne: **Schauen, tasten** und **riechen** Sie, dann finden Sie garantiert die richtigen, frischen und reifen Früchte. Das ist wichtig, denn der äußere Schein kann manchmal trügen und die bilderbuchreife Ananas entpuppt sich als saures, geschmackloses Früchtchen: außen hui und innen pfui!

Etiketten und Aufkleber verraten viel über die **Herkunft** und auch den **Transport** exotischer Früchte – und das ist ein besonders heikles Thema. Für den Schiffsweg müssen Früchte unreif geerntet werden, damit sie die lange Reise überstehen und nicht völlig verfault bei uns eintreffen. Kommt Obst aber via Flugfracht, darf es länger an Baum oder Strauch bleiben, kann mehr Sonne tanken und mehr Zucker und Aroma bilden – das macht sich im Geschmack deutlich bemerkbar. Eine Fluganas ist also einer Ananas, die den Seeweg genommen hat, in jedem Fall vorzu-

ziehen. Wie sie transportiert wurde, steht auf dem Etikett – lesen Sie also in jedem Fall auch das Kleingedruckte!

Die **Ananas** mit ihrer gefächerten Krone aus grünen, festen Blättern und ihrem symmetrischen Waffelmuster ist eine wahrhaft majestätische Erscheinung: Vom Stielansatz bis zur Blattspitze kann sie es auf stolze 50 Zentimeter bringen. Alles nur Schein, denn streng genommen ist sie keine echte, sondern eine Schein- und Sammelfrucht. Dafür aber besonders fein und aromatisch und eine Bereicherung in der Küche. Eine reife Ananas muss duften und darf keine braunen Stellen haben. Ziehen Sie ein Blatt aus der Krone: Löst es sich leicht, ist die Ananas im richtigen Reifezustand. Zum Schälen den Stielansatz abschneiden, die Ananas mit der Schnittfläche auf ein Brett stellen und die Schale mit einem scharfen Messer von oben nach unten abschneiden. Jetzt die Krone entfernen, die Ananas nach Bedarf in Ringe schneiden, vierteln oder achteln, den Strunk entfernen.

Feigen – die süßen Früchte des Paradiesbaums – werden in den Mittelmeerländern täglich gegessen, weil man ihnen gesundheitsfördernde und lebensverlängernde

Wirkungen nachsagt. Die reifen Früchte vierteln und das Fruchtfleisch mit einem scharfen Messer von der Schale lösen.

Wie die Ananas, so schmeckt auch die **Mango** nur, wenn sie richtig reif ist. Eine optimal gereifte Mango ist nur schwer zu erkennen, am ehesten können Sie am Duft feststellen, ob es sich um eine reife oder unreife Frucht handelt – gehen Sie also der Nase nach. Mangos haben einen unverwechselbaren, intensiven Duft. Die Früchte mit einem Sparschäler schälen und das Fruchtfleisch mit einem scharfen Messer am Stein entlang abschneiden. Diese Hälften können dann nach Belieben in Scheiben oder Würfel geschnitten werden.

Papayas sind Baummelonen und werden in ihrer Heimat nicht nur wegen ihres feinen Geschmacks, sondern auch wegen ihres gesundheitlichen Wertes geschätzt, denn sie haben eine entgiftende und verdauungsfördernde Wirkung. Das liegt zum einen an dem Eiweiß spaltenden Enzym Papain, zum anderen an ihrem Gehalt an den Vitaminen A, C, B_1 und B_2 sowie ihrem hohen Anteil an Kalzium. Zum Verzehr die Papaya schälen, halbieren und die Kerne mit einem Löffel entfernen.

Glacierte Ananas mit Trockenfrüchten im Wan-Tan-Blatt

Für 4 Personen

1 Ananas
20 g Butter
20 g Zucker
1/8 l Portwein
1 Papaya
80 g Trockenfrüchte
2 EL Rum
8 Wan-Tan-Blätter
750 ml Pflanzenöl
30 g Puderzucker
einige Minzeblätter zum
Garnieren

Die Ananas schälen und den harten Strunk herausstechen oder mit einem langen Messer herausschneiden. Die Ananas in Ringe teilen. Butter und Zucker in einer Pfanne zerlassen und die Ananasscheiben darin etwa 5 Minuten glacieren. Die Hälfte des Portweins angießen und etwas einkochen lassen.

Die Papaya schälen, halbieren und entkernen. Die Trockenfrüchte mit einem Messer fein hacken. Die Trockenfrüchte mit dem restlichen Portwein zum Kochen bringen und bei mittlerer Hitze etwa 10 Minuten kochen lassen. Nach 5 Minuten die Papaya zufügen. Den Rum angießen, erwärmen und sofort flambieren.

Die Wan-Tan-Blätter auf eine Arbeitsfläche legen, das Fruchtragout darauf verteilen. Die Blätter diagonal über die Füllung klappen, die Ränder festdrücken.

Das Öl in einer Fritteuse erhitzen und die Wan-Tan-Ecken darin portionsweise bei mittlerer Hitze etwa 2 Minuten frittieren. Die fertigen Ecken herausnehmen und auf Küchenpapier abtropfen lassen.

Die glacierten Ananasscheiben auf Tellern anrichten, die Wan-Tan-Ecken dazulegen und mit Puderzucker bestäuben. Das Dessert mit den Minzeblättern garnieren.

Zubereitungszeit | 6 0 M i n u t e n | **Schwierigkeitsgrad** | ✳ ✳

Kaufen Sie Flugananas: Diese Früchte bleiben länger am Baum und sind deshalb deutlich aromatischer.

Zum Flambieren eignet sich nur hochprozentiger Rum ab 54 Vol.-%. Ob weiß oder braun ist Geschmackssache.

Aprikosenragout mit Zitronengrasaroma und Kombucha

Für 4 Personen

500 g Aprikosen
2 Stängel Zitronengras
100 g Zucker
10 g Butter
2 Vanilleschoten
200 ml Kombucha

Die Aprikosen waschen, halbieren und entsteinen. Das Zitronengras halbieren, den unteren Teil mit einem Messerrücken anklopfen, die Stängel in feine Streifen schneiden, mit dem Zucker vermischen.

Die Butter in einer Pfanne oder in einem flachen, breiten Topf erhitzen, Zucker-Zitronengras-Mischung und Aprikosen zugeben und die Früchte bei mittlerer Hitze 5 Minuten glacieren.

Wenn der Zucker zu karamellisieren beginnt und der Saft der Aprikosen austritt, die Temperatur etwas erhöhen, damit die Aprikosen nicht kochen, sondern gleichmäßig glaciert werden.

Die Vanilleschoten längs halbieren, zu den Aprikosen geben und den Kombucha angießen. Die Flüssigkeit auf-

kochen lassen und alles bei mittlerer Hitze weitere 5 bis 10 Minuten reduzieren, dabei darauf achten, dass die Aprikosen nicht zu weich werden.

Varianten
Statt der Aprikosen können Sie für dieses Ragout, je nach Geschmack und Saison, auch Nektarinen, Pfirsiche oder Zwetschen nehmen. Allerdings sollten Sie darauf achten, dass das Obst noch sehr fest und nicht zu reif ist.
Auch exotische Früchte, wie Ananas oder Papaya, eignen sich sehr gut.

❖ Servieren Sie zum heißen Ragout eine Kugel Vanilleeis, das schmeckt wirklich super!

Zubereitungszeit | 3 0 Minuten | **Schwierigkeitsgrad** | ✳

Wählen Sie reife, aber noch feste Aprikosen für das Ragout.

Rhabarber ist ein anspruchsloses Knöterichgewächs, dessen erste Stängel im Frühjahr am besten schmecken.

Rhabarber-Feigen-Süppchen mit Melone und kandierten Kochbananen

Für 4 Personen

1 Stange Rhabarber
1 Vanilleschote
50 g Zucker
2 frische Feigen
2 cl Grenadinesirup
1 Honigmelone
4 cl Rum
1 Kochbanane
20 g Butter

Den Rhabarber waschen, putzen, schälen und in 1 Zentimeter dicke Stücke schneiden. Die Vanilleschote längs aufschneiden, mit 30 Gramm Zucker in einer Pfanne erhitzen und die Rhabarberstücke darin leicht karamellisieren.

Die Feigen schälen, klein schneiden und mit dem Grenadinesirup zum Rhabarber geben. Die Früchte etwa 2 Minuten kochen lassen, dann beiseite stellen und erkalten lassen.

Die Melone halbieren, die Kerne entfernen. Mit einem Kugelausstecher einige Kugeln ausstechen und beiseite legen. Das restliche Fruchtfleisch mit einem Löffel herauslösen und mit einem Stabmixer pürieren. Mit Rum abschmecken, kalt stellen.

Die Banane schälen, in etwa 1/2 Zentimeter dicke Scheiben schneiden. Die

Butter erhitzen und die Bananenscheiben darin anbraten, dann 20 Gramm Zucker unterrühren und die Scheiben darin karamellisieren.

Die erkalteten Rhabarber-Feigen in Dessertschalen oder Suppenteller füllen, das Melonenpüree darüber verteilen, mit den Melonenkugeln garnieren. Die Bananenchips dazu reichen.

Variante
Exotischer wird das Dessert, wenn Sie etwas geriebenen Ingwer unter den Rhabarber mischen. Wer mag, reicht noch eine Kugel Eis dazu.

❖ Rhabarber muss man nicht mit Wasser ansetzen, da er sehr viel Wasser enthält.

Zubereitungszeit l 3 0 M i n u t e n l **Schwierigkeitsgrad** l

Himbeeren sollten möglichst nicht gewaschen werden, deshalb unbehandelte Ware kaufen.

Papayas sind die keulenförmigen Früchte eines Melonenbaumes. Ihr Fruchtfleisch ist weißgrün bis orange.

Quarknocken mit Papaya auf Beerensauce

Für 4 Personen

100 g Erdbeeren
100 g Himbeeren
80 g Zucker
1 unbehandelte Orange
3 Eiweiß
125 g Sahne
150 g Magerquark
1 Päckchen Vanillezucker
1 reife Papaya
einige Minzeblättchen

Für die Beerensauce die Erdbeeren abbrausen. Die Beeren verlesen, putzen und mit 60 Gramm Zucker kurz aufkochen lassen, dann mit dem Stabmixer pürieren und kalt stellen.

Die Orange heiß abwaschen und abtrocknen. Die Schale mit einem Zestenreißer abhobeln oder mit einer Raspel fein abreiben.

Eiweiß mit 20 Gramm Zucker zu steifem Schnee schlagen. Die Sahne ebenfalls steif schlagen. Sahne und Eiweiß mit einem Holzlöffel vorsichtig unter den Quark mischen. Die Masse mit dem Vanillezucker und der abgeriebenen Orangenschale abschmecken.

Ein Sieb mit einem Tuch auslegen, den Quark hineingeben und über Nacht im Kühlschrank abtropfen lassen.

Die Papaya schälen und in Scheiben schneiden. Die Beerensauce durch ein Sieb passieren und auf Teller verteilen. Von der Quarkmasse mit zwei Esslöffeln Nocken abstechen und diese auf den Fruchtspiegel setzen. Das Dessert mit Papayascheiben und Minzeblättchen garnieren.

Variante

Im Sommer ein tolles Dessert, wenn man nur Beeren nimmt!

❖ Mit Holundersirup bekommt die Sauce ein besonders feines Aroma.

Zubereitungszeit | 3 0 M i n u t e n | **Schwierigkeitsgrad** | ❋

Mangocarpaccio mit Kaiserschmarrn und Gruyère

Für 4 Personen

2 reife Mangos
1 Bund Minze
1 Ei
80 g Mehl
1 EL Magerquark
2 EL flüssige Butter
200 ml Milch
2 EL Sahne
Salz
60 g Gruyère
20 g Butter
1 EL Zucker
Puderzucker zum
Bestreuen
einige Minzeblätter zum
Garnieren

Die Mangos schälen und das Frucht-fleisch am Stein entlang abschneiden. Die Fruchthälften in dünne Scheiben schneiden und schuppenförmig auf vier Tellern ausbreiten. Die Minze waschen und trockenschütteln.

Das Ei trennen. Eigelb, Mehl, Quark, flüssige Butter, Milch und Sahne zu einem glatten Teig verrühren. Das Eiweiß mit einer Prise Salz steif schlagen und vorsichtig unter den Teig heben.

Den Käse fein reiben und unter den Teig heben. Die Butter in einer Pfanne erhitzen, den Teig hineingeben und auf beiden Seiten goldgelb backen.

Den Pfannkuchen mit zwei Gabeln in kleine Stücke reißen. In einer zweiten Pfanne den Zucker erhitzen und die Stücke darin glacieren.

Den Schmarrn auf den Mangoscheiben anrichten, mit Puderzucker bestreuen und mit Minze garnieren.

Variante
Dieses Gericht eignet sich auch als Vorspeise, dafür statt 60 Gramm 120 Gramm Käse nehmen und die Mangos durch blanchiertes Gemüse ersetzen. Den Zucker weglassen.

 Falls Sie eine größere Menge Kaiser- oder Gruyèreschmarrn zuberei-ten wollen, den Teig in eine erhitzte Pfanne geben und dann im vorgeheiz-ten Backofen bei 180 °C (Umluft 160 °C, Gas Stufe 2–3) fertig garen. Dabei geht er besonders schön auf.

Zubereitungszeit | 3 0 M i n u t e n | **Schwierigkeitsgrad** | ✳

Der Geschmack von Mangos erinnert stark an Pfirsich und wirkt häufig etwas parfümiert.

Thaibasilikum hat einen leichten Anisgeschmack.

Zimt wird eine euphorisierende Wirkung nachgesagt.

Pflaumen-Käse-Tempura mit Thaibasilikum
auf Kombucha-Kirsch-Salat

Für 4 Personen

1/4 l Kombucha
100 g Zucker
1 Zimtstange
1 Bund Thaibasilikum
500 g Kirschen
500 g Pflaumen
1 Päckchen Tempuramehl
(Fertigprodukt, 150 g)
250 g Frischkäse
1 l Pflanzenöl
Puderzucker
zum Bestäuben

Kombucha mit Zucker und Zimt zum Kochen bringen und bei mittlerer Hitze auf die Hälfte einkochen lassen. Das Basilikum waschen und trockenschütteln.

Die Kirschen waschen, entstielen und entsteinen, mit dem heißen Kombuchasud übergießen, in dem Sud abkühlen lassen, dann kalt stellen. Die Pflaumen waschen, halbieren und entsteinen.

Das Tempuramehl nach Packungsangabe anrühren. Den Frischkäse glatt rühren und in einen Spritzbeutel füllen. Den Käse in die Pflaumenhälften spritzen, je 1 Basilikumblatt darauf legen und etwas festdrücken.

Das Öl in einer Fritteuse auf 180 °C erhitzen. Die Pflaumen mit einer Gabel oder einem Schaumlöffel in den Teig tauchen und in dem heißen Öl portions-

weise goldgelb ausbacken. Die fertigen Pflaumen mit einem Schaumlöffel herausheben und auf Küchenpapier abtropfen lassen.

Den Kirschsalat auf Dessertteller verteilen und die Pflaumen darauf anrichten. Das Dessert mit Puderzucker bestäuben und mit Basilikumblättchen garnieren.

❖ Besonders schön sieht es aus, wenn Sie die Thaibasilikumblättchen ebenfalls frittieren.

Glossar

Austernsauce

Schmeckt – anders als es der Name vermuten lässt – nur dezent nach Fisch. Hergestellt wird die dickflüssige, braune Würzsauce aus diversen Gewürzen, Stärke und Austernextrakt. Von den billigeren Sorten besser die Finger lassen, sie sind meist nur salzig.

Dashi

Klare, konzentrierte, sehr aromatische Brühe aus Seetang, Bonitoflocken, Shiitake-Pilzen und Sojasauce. In Asienläden als Instantprodukt erhältlich.

Fischsauce

Aus fermentiertem Fisch hergestellte, intensive Würzsauce aus Asien. Aufgrund ihres unterschiedlichen Salzgehaltes unbedingt probieren, bevor damit gewürzt wird. In Asienläden erhältlich.

Frühlingsrollenteig

Es gibt ihn rund oder quadratisch, meist aber tiefgefroren zu kaufen. Zu bearbeiten ist er wie Wan-Tan-Blätter.

Galgant

Ingwer ähnliche Wurzel (auch als Siam-Ingwer bekannt), die in Südchina und Thailand beheimatet ist. Sehr aromatisch, im Geschmack noch ein wenig schärfer und brennender als Ingwer und leicht bitter. In Asienläden zu erhalten, oft auch Bestandteil in Gewürzmischungen.

Hoisinsauce

Scharf und süß zugleich ist diese rotbraune und dickflüssige chinesische Würzsauce. »Gemixt« wird sie aus Sojabohnen, Sesamöl, Knoblauch, Chilischoten, Essig, Salz und Zucker. In Asienläden erhältlich.

Kaffir-Zitronenblätter

Duften intensiv nach Zitronen bzw. Limetten und geben Fischgerichten, Currys, Suppen und Salaten Würze. In Asienläden erhältlich.

Kokosmilch

Als Konzentrat auch in Dosen angebotenes, aromatisches Gemisch aus fein geriebenem Kokosfleisch und heißer Milch bzw. warmem Wasser. Wird gern in Saucen oder zum Ablöschen von Currygerichten verwendet.

Kombucha

Vergorenes Teegetränk, zu dessen Herstellung der gleichnamige Pilz verwendet wird. Zeichnet sich durch seinen säuerlich-aromatischen, an Apfelwein erinnernden Geschmack aus, wirkt erfrischend und verdauungsfördernd.

Macademianüsse

Besonders edle und wohlschmeckende Nüsse aus Australien (heute auch aus Hawaii und Kenia) mit extrem hohem Fettgehalt, dabei aber cholesterinfrei.

Mirin

Süßer, 14-prozentiger Reiswein aus Japan. Wird nicht als Getränk gereicht, sondern nur zum Kochen verwendet. Mirin ist in Asienläden erhältlich.

Miso

Eiweißreiche japanische Würzpaste aus Reis, Sojakeimen und Wasser sowie vergorenen, pürierten Sojabohnen. Es gibt viele verschiedene Sorten von »shiro« (elfenbeingelb, mild, süßlich) bis »aka« (rot, intensiver, dunkel, kräftig, salzig). In Asienläden erhältlich.

Mispeln

Orangefarbene Früchte, die ähnlich wie Aprikosen schmecken und sich wie diese auch überreif verarbeiten lassen.

Palmzucker

Wird aus dem gekochten Saft von Palmenbäumen hergestellt. Seine Farbe reicht von hellgold bis dunkelbraun. Er kommt in kleine Blöcke oder Nuggets gepresst auf den Markt. In Asienläden erhältlich.

Pak-Choi

Chinesischer Blätterkohl, dessen Geschmack an Senf erinnert. Achten Sie beim Kauf auf feste Stiele und makellose Blätter.

Pflaumenwein

Süßer Fruchtwein aus Pflaumen, der gern als Aperitif gereicht wird.

In Asienläden und gut sortierten Supermärkten erhältlich.

Pomelo

Auch als Pampelmuse bekannt. Mit einem Gewicht zwischen 500 und 1500 Gramm und einem Durchmesser von 10 bis 25 Zentimeter die größte aller Zitrusfrüchte. Geschmack von zart süß bis stark sauer, manchmal auch leicht bitter.

Reisessig

Milder, süßlich schmeckender Essig, der aus fermentiertem Reis gewonnen wird. In Asienläden erhältlich.

Reiswein (Sake)

Das sherryartige Nationalgetränk der Japaner wird – wie der Name sagt – mit Hefe aus Reis vergoren (Alkoholgehalt zwischen 12 und 17 Vol.-%). Wird nicht nur lauwarm bis heiß (50 °C) getrunken, sondern auch zum Würzen von Speisen verwendet. In Asienläden und gut sortierten Supermärkten erhältlich.

Sambal oelek

Aus pürierten roten Chilischoten mit Essig oder Tamarindensaft besteht diese höllisch scharfe indonesische Paste. Ist als Fertigprodukt erhältlich, kann aber auch leicht selbst hergestellt werden.

Seetangblätter

Getrocknete Noriblätter sind wichtiger Bestandteil von Sushi, werden aber auch zum Würzen verwendet. In Asienläden erhältlich.

Sojasauce

Würzsauce in verschiedenen Geschmacksrichtungen, die aus Sojabohnen nach einem uralten, komplizierten Verfahren gebraut wird. Gilt als älteste bekannte Würzsauce überhaupt.

Tahina

Eine ölige, gesalzene oder ungesalzene Paste aus zerstoßenen oder zermahlenen Sesamsamen. Stellt eine Grundzutat in vielen orientalischen Speisen dar. In Naturkostläden erhältlich.

Tamarinde

Exotische Hülsenfrucht (auch Indische Dattel, Sauerdattel) des Tamarindenbaumes mit klebrigem Mark. Herbsäuerliche Würze, vor allem für indonesische und indische Gerichte. Getrocknet oder als Paste in Asienläden erhältlich.

Tandooripaste

Wird aus verschiedenen Gewürzen hergestellt, unter anderem aus Ingwer, Knoblauch, Tamarinde und Gelbwurz. In unterschiedlicher Schärfe in Asienläden erhältlich.

Tarowurzeln

Wurzelknollen einer tropischen Sumpfpflanze, die sich im Wesentlichen wie Kartoffeln verwenden und zubereiten lassen.

Stammt aus Südostasien, ist heute aber auch in der Mittelmeerregion heimisch.

Thaibasilikum

Asiatisches Gewürz aus der großen Basilikumfamilie. Hat ein süßliches Anisaroma und mit unserem Basilikum nur entfernte Ähnlichkeit. In Asienläden erhältlich.

Wan-Tan-Blätter

Hauchdünne Teigblätter, die man häufig tiefgefroren erhält. Zum Füllen immer nur ein Blatt verarbeiten, die restlichen mit einem feuchten Tuch bedecken.

Wasabi

Der japanische Rettich, dem unseren im Aroma ähnlich. Wird als Pulver oder fertig angerührt auch als Paste angeboten. In Asienläden erhältlich.

Wasserkastanien

Die leicht süßlich schmeckenden Knollen passen sowohl in pikante wie auch süße Gerichte. In Dosen im Asienladen erhältlich.

Zitronengras

Subtropisches Gras (auch Zitronellengras, Citronelle) mit ätherischem Öl und einem Zitronen ähnlichen Aroma. Findet als Küchen- und Würzkraut in zahlreichen asiatischen Speisen Verwendung. Frisch oder tiefgefroren in Asienläden erhältlich.

Register

Danksagung

Frank Heppner bedankt sich von ganzem Herzen bei:

[k.de] kochmesser.de
Import GmbH & Co. KG
Christian Romanowsky
Dr.-Richard-Sorge-Str. 66
15745 Wildau (bei Berlin)
Tel. 01803-595959
Fax 01803-747474
beste@kochmesser.de

Rosenthal Studio-Haus
Dienerstrasse 17
80331 München
Tel. 089-222617
Fax 089-298825
studiohaus.muenchen@rosenthal.de

Impressum

© 2008 by Südwest Verlag, einem Unternehmen der Verlagsgruppe Random House GmbH,
81673 München

Idee und Konzeption
Friederike Heyne Verlagsagentur GmbH

Artdirector
Bettina Oswald

Fotografie
Felix Holzer Studio München
Titelbild: Antje Plewinski

Texte
Claudia Daiber

Redaktionsleitung
Susanne Kirstein

Redaktion
Alexandra Endres

Satz und DTP
Elisabeth Schimmer

Druck und Bindung
L.E.G.O. SpA., Vicenza

Printed in Italy

ISBN
978-3-517-08414-5

9817 2635 4453 6271